死の光に照らされて

自由に生きるための仏教の智慧

Living in the Light of Death

On the Art of Being Truly Al

ラリー・ローゼンバーグ
Larry Rosenberg

デイヴィッド・ガイ
David Guy

島田啓介 訳
Shimada Keisuke

薄月
Hakugetsu

本書を書き上げる前に、私はとても大切な三人を亡くした。父ネイサンと母アンナ、継娘のアイリーナ・モイセーエフである。私の文章に何らかの価値があるとすれば、すべて彼らのおかげだ。本書が彼らの旅路の良き友となればと願う。

歳をとるのを味わうこともまた修行のうちだ。自分を偽ることはできない。誠実に励むことのみが良き成果を生む。

——鈴木俊隆老師

病の苦しみを妙薬としなさい。

——鏡《キョン》虚《ホ》禅師

生き方を学ぶことが死に方を知ること、それは今という瞬間の達人になることだ。

——S・N・ゴエンカ

誕生、老い、死が苦であるとは、よく耳にする言葉だ。しかし誕生は苦ではない、老いは苦ではない、死は苦ではない――「私の誕生」「私の老い」「私の死」に執着さえしなければ。執着あるとき、私たちは誕生、老い、死を、「我がもの」と考えてしがみつく。しがみつかなければいずれも苦ではなく、どれも体の変化に過ぎないとわかる。

――アチャン・ブッダダーサ

目次

謝辞

ブッダは、すべての現象が相互にかかわりながら生起するという法則を説きました。原因と条件がそろったとき、物事は現れます。この本も例外ではありません。本が形を成すためには、想像を超える多くの条件が必要なのです。ほんの少しだけ例をあげましょう。

二十五年以上前のことですが、クリシュナムルティとヴィマラ・タカールのふたりから、生き方と死に方は別ではない、生と死はひとつにほかならないと教えられました。おふたりが私の一歩を踏み出させてくれたことに感謝しています。

シャンバラ出版の担当編集者デイブ・オニール氏は、数年前に私がケンブリッジのインサイト・メディテーション・センターで行った「意識的な死」の連続講演会に参加していました。自己紹介をしたあと彼は、今の話を本にすれば、瞑想実践者がすぐに使える一冊に仕上がるはずだと自信をこめて言ったのです。その後、この本のベースになる下原稿の作成に力を注いでくれました。

私の講話を本にまとめるべきだと何度も背中を押してくれたのは、親友のジャカリン・ベネットです。私のことを考え、本書の実現のために密かに経済的援助までしてくれました。

ケンブリッジのインサイト・メディテーション・センターの講師仲間も、多くのプライベートな時間を割いて、死についての私の講演の文字起こしを手伝ってくれました。

デイヴィッド・ガイは、そうして作成された膨大な資料を、講演の真意を反映させつつ細心の注意を払い、巧みに作業文書に落とし込みました。

そして妻のガリーナは、彼女お得意のユーモアと愛情表現を使いながら、私がパソコン作業をやめるタイミング、再開するタイミングを知らせたのです。それは最高の助言でした。

本書中の用語について

本書中のパーリ語については、文章の中で適宜説明を加えました。また大乗仏教のサンスクリットになじんだ読者の利便を考え、原典のパーリ語をサンスクリット語に置き換えた箇所もあります。たとえば、スッタ（sutta／経典）の代わりにスートラ（sūtra）を、ダンマ（dhamma／法／真理）ではなくダルマ（dharma）、カンマ（kamma／業）ではなくカルマ（karman）とするなどです。

訳・編者による補足と凡例

【パーリ語】初期の仏教聖典を伝える言語。スリランカ、タイ、ミャンマーなどにおける上座部仏教は、この語で書かれた大蔵経を今日まで伝承している。一方、文法的に多くの類似点をもつサンスクリット語は、大乗仏典の編纂に際して主に用いられた言語である。

【僧侶の敬称】本書に登場する僧侶名には、各国の伝統に基づいた敬称が付く。「アチャン」（タイ）、「老師」（日本）、「禅師《スニム》（和尚）」（韓国）、「サヤドー」（ミャンマー）、「リンポチェ」（チベット）など。

【瞑想の語について】瞑想とは、自己の心の在り様を含む真実を知り、理解するための精神的修練を表す。特にイメージを用いる瞑想を「観想」と表すことがある。

【傍注・原注】文中の記号◆は訳・編者による注を表し、その内容は傍注として見開き左ページ端に置いた。◇は原注を表し、その内容は二〇四～二〇五ページに掲載した。

死の光に照らされて

——自由に生きるための仏教の智慧——

序章　老いや死と連れ添って生きる

老いや病気や死は、理解すれば宝に変じる。それらは聖なる真実、聖なる宝なのだ。それが人間だとすれば、私は毎日でもその足元に跪《ひざまず》くだろう。

――アチャン・リー

老いについて痛切に学ばされた忘れがたい思い出がある。私がまだ若かった三十代初め、学部を終えて大学院に進み、研究者になったころのことだ。期待しすぎたせいかもしれないが、仕事でひどくがっかりするような出来事が続いた。

そうした折、幸運にも最初の心の師になったクリシュナムルティ◆に出会う。それ以来、私の真の願いが成功よりも心の目覚めにあることが徐々にわかってきた。私は精神的探究に踏み出し、専門的な知的職業への考え方がひっくり返るような決定的な体験をした。

クリシュナムルティには「真実に至るひとつの道（方法）など存在しない」という有名な言葉があるが、私は自分には精神的な道と訓練が必要だと悟った。

私はまずヨガから始め、それにのめり込んだ。ある夏のこと、カナダの道場で行われたヨガ合宿で出会った年配の男性から、より良く生き、歳をとっていくための重要な教えを授かった。

彼の名はシヴァナンダ・サラスワティ、◆八十六歳という年齢にはまったく見えなかった。非常に威厳のあるたたずまい、立派な顔貌、溢れんばかりの活力をたたえた人物だ。ヨガのアーサナの手本をいくつか示してくれたが、彼自身は合宿の講師ではなかった。ふだんはインドのヒマラヤ山麓に居を構え、出家の修行者としてヒンドゥ教にもとづくヴェーダーンタ哲学を教えていた。

彼は長年北米に住む四人の弟子に通信で指導しているが、その弟子たちが資金を蓄え、師を呼び寄せたということだった。彼はそうして各地の弟子に会いに行く。そのうちのひとりのカナダ人が、師を道場に呼ぶきっかけを作ったのだ。

他のどの講師にもましてシヴァナンダ師に心惹かれた私は、おおかたの時間を彼のもとで過ごすようになり、そのあげく旅に随行することに決めた。まぎれもなく、師からは学ぶべき多くの教えがあった。グレイハウンドバスで各地を巡り個人宅に逗留する間、私は付き人として働いた。そうして彼

◆**ジッドゥ・クリシュナムルティ**（Jiddu Krishnamurti, 一八九五～一九八六年）
インド出身の哲人、宗教家。十代の頃に神智学協会に見出されて指導者として教育を受けたが、三十代で自身の教団を解散させた。伝統や宗教を含むあらゆる条件付けから解放され、真の自由を獲得することを説いた。

◆**シヴァナンダ・サラスワティ**（Sivananda Saraswati）
同名の有名なヴェーダーンタ派ヨーガ指導者（一八八七～一九六三年）とは別人。

を深く知っていったのである。

そのころの私はさほど瞑想に打ち込んでいたわけではないが、師は並外れた修行者だった。床に就く時間にかかわらず、早朝二時か三時には顔も洗わずに起き上がって瞑想を始める。そうしてベッドの上で二、三時間瞑想したあと、こともなげに目を開くと、やおら冗談から一日を始めるのである。

シヴァナンダ・サラスワティ師は、若いときにヒンドゥのヴェーダーンタ派のもとで出家し、以来真剣に修行に打ち込む仲間とともに生きてきた。修行者たちは精神的な解放に没頭し、霊的成長の上で肉体は障害でしかないと考えていた。彼らは体調を崩すことが多く、それゆえ修行の道が阻まれることに師は気づいた。

それを理不尽に思った彼は、ハタヨガ、適切な呼吸法、食餌法を学び始める。修行者の生き方を放棄せずに、むしろ肉体を大切にすることが修行の成果に結びつくと考えたのである。

それは中道の実践であり、彼は中道を教えるようにもなった。肉体を無視する修行にこだわらず、真に大切な目的を看過して肉体に執着することもない。彼は愚かではなかった。肉体に関しては何の保証もないことを知っていた。

そんな師がかつて言った言葉が忘れられない。「肉体を大切に労わり、肉体への理解を深めれば、歳をとるのもさほど苦ではなくなるはずだ」

歳をとっても若いころと変わらないという意味ではない。二十歳や三十歳のときと比べれば、言うまでもなく体力は落ちる。しかし歳をとった師は、私が知る限りの高齢者とまったく違い、快適に見えた。

深い霊的な目覚めのいくつかは、七十過ぎて初めて得られたと彼は言う。数々の欲が自然と剥がれ落ちて行く一方で、活力はたっぷり残っていた。そうした姿を見れば、健康の心がけがいかに大切かわかるだろう。

ブッダは、人間の肉体を授かることは稀有な縁であり、霊的な成長にとって理想的な条件であると説いた。より高い至福の境地は存在するが、そこでは修行の動機は生まれにくい。苛酷に過ぎる奈落の底では、修行のためのエネルギーが削がれてしまう。しかし人間であることは、その至福と苦痛の絶妙な組み合わせなのだ。

そうした人間の姿をできる限り長く保ち、しかも長寿に執着せぬよう努めることには大きな意味がある。

シヴァナンダ師は、つねに（私の肉体ではなく）その肉体という表現で体を大事にせよと説きながら、大きな教えを授けてくれた。もっとも強調されたのは、その体への気遣いこそが気づきの瞑想になるということだった。教えのリストを並べたてることはせず、日々の生活の中の体験がいかに自分に影響をもたらすかを観察した。

彼は過食や食の不足、水分の過剰摂取または欠乏、極端な長時間睡眠と睡眠不足、思考を明晰にする食物と思考を不安定かつ鈍重にする食物などを比較したのだ。また、身体の健康と明晰な思考をもたらす活動の効果を観察した。完璧な清潔を維持し、肉体を浄化するヨガの実践に従ったが、義務からではなくすべてを楽しんだ。

そのすべてはクリシュナムルティの教えに少なからず似ている。人生の中で、修行とそれ以外の時間、肉体のケアと心のケアを分けることはできない。すべてに分断はなくひと続きだ。そこでの鍵は「気づき」である。

クリシュナムルティは、健やかな肉体のありかたを騎兵隊員と馬になぞらえている。戦場に乗り付けるなら、念入りに馬の世話をするのは当然だ。いのちがかかっているのだから。

体についても同じ心がけが必要だ。

「肉体はあなたの本質とは違うかもしれない、しかしためしに体に無頓着な生活をしてみなさい」、クリシュナムルティはよく言っていた。

ニューヨークのイーストサイドの下町で育ち、その後ブルックリンに引っ越した私は、幼いころから老人や歳をとるという現象に興味を持っていた。理由はわからない。私は祖父母と同居していた。ふたりとも大好きだったが、とくにおばあちゃん子だった。

近隣には老人がたくさん住んでいたが、彼らは必ずしも幸せそうに見えなかった。いつも疲れていて機嫌が悪く、よく癇癪を起こしていた。しかし幸いにも、そうした気性は荒唐無稽なユーモアのセンスでくるまれていた。

イタリア系の移民やアイルランド系の労働者階級の人々も見受けたが、ロシア系ユダヤ人がもっとも多い地域だった。それら住民どうしの折り合いは良くなかった。

ユダヤ人の高齢者の話題と言えば健康のこと——とりわけ体の不具合についてばかりだ。彼らは病気や薬や手術がどうのとか、治療の効果についての果てのない議論に興じる。重箱の隅をつつくような些細な体調の変化を聞かされたものだ。医学生の知識をしのぐかのような細かさは驚嘆に値するものの、病気の話など小さな子どもに面白いはずはなかった。

コニーアイランドの遊歩道では、よく友だちとゲームして遊んだ。歩いてすれ違う老人たちの話に耳を傾け、彼らの言葉の中から単語を抜き出して極端なほら話を作りあげる。話はいくらでもでっちあげられた。彼らの話は愚痴ばかりで、それらをつないで長々とした嘆き節をこしらえた。そのほとんどが、老いと病気に埋め尽くされていた。

たまにはその法則に当てはまらない話も飛び込んできたが、私はそうした話題にとくに気を引かれた。老いて、歳なりの風貌を見せながら、その現状を受け入れ、輝く眼と快活さをもって生き生きしている人たち。そうして優雅に歳を重ねた人々には強く惹かれるものがあった。そこにどんな秘訣が隠されているのかと思ったのだ。

そのころ私は野球に夢中で、フィラデルフィア・アスレチックスのコニー・マック監督の大ファンだった。選手たちはがさつな集団で、騒々しくて怒りっぽく口汚い連中だ。しかし球団のダグアウトには、スリーピースのスーツを着こなした、八十をとうに超えたようにしか見えないものの非常に威厳ある男がひかえていた。

彼は他の監督のようにアンパイアに不服を示すことはあっても、埃を蹴たて怒鳴りながらダグアウトから跳び出して来るような連中と違い、自らの威厳を保ちつつ、歩み寄って言うべきことだけ言い――無論言い負かされるのだが――潔く引っ込む。フィールドにその監督が出てくると、私は試合のことなど忘れて彼だけを注視していた。

子ども時分の記憶に印象的な死との遭遇はなく、直接死を目にすることもなかった。実際初めて死に触れたのは軍隊でのことだ。隊では、それほど熱意をもって任務にあたっていたわけではない。しかし責務として徴兵されれば自ら進んで務めた。

基礎的な訓練は、私にとって意外にも楽しいものだった。若いころアスリートだったので、肉体を酷使することが嫌いではなかったのだ。ふたりで操作する三脚に据え付けたマシンガンを撃つときには、力の横溢と興奮を覚えた。まったく爽快で、子どものころの兵隊ごっこみたいだった。

無論それがゲームと別物であることはすぐにわかった。ドイツの軍事演習で、私たちは森の深い茂みの間にテントを設営するよう指示された。森の道路事情は悪く、通行可能な道筋にはトラックが頻繁に走るので、その邪魔になってはいけない。

ある晩床に就いてから、恐ろしい悲鳴が耳に飛び込んできた。十分安全な森の奥にテントを張っていなかったふたりの兵士が、通りかかったトラックに轢かれたのだ。ひとりは即死、もうひとりは精神をやられ、その後二度と顔を見ることはなかった。

私は子どもの戦争ごっことは違う現実を突きつけられた。私たちは大人であり、戦闘態勢にあった。つねに死が目前にあり、敵を殺せる用意ができていなければならない。それは私にとって好ましい気分をもたらすような状況ではなかった。

一方で私が心惹かれていたのは、良心と精神的練磨の道だった――子ども時代のヒーローはガンディーだった。しかし私には攻撃的な性向も少なからずあった。マシンガンを撃つときには、本当に高揚感を覚えた。

それでも人が死ぬのを見るのは気分が悪く、直接目にしてどれほど恐ろしいものか思い知った。そうして、私には非暴力的な働き以外にないことを自覚し始めるようになる。

私は、陸軍士官学校卒の古株の中隊長に直訴することにした。彼の人柄を買っていたので、本心を伝えたのだ。もし医療部隊で働かせていただけるなら、立派に任務を果たしますと。彼は誠実に耳を傾け、ていねいな質問を返した。そして私の意を汲み取って転任の手続きを済ませてくれた。

従軍期間を満了した私は、振り返ってみても立派にやり遂げたと思う。同時に生命の重さを心に刻み、それを破壊する行為には加担しないことを心に誓った。

シヴァナンダ・サラスワティ師に出会って間もなく、ある大きな体験を通じて、私は老いと死の意識の探求に決定的な影響を受けることになるもうひとりの人物を知った。私はこれまで話の中で、彼の素性が明かされないように、〝バダラヤナ〟という仮名で呼んできた。彼から正体を明かさないでほしいと強く言われていたからだ。

彼は名を成すことも、大勢に教えることも頭になかった。私が会ったとき、その弟子は四人きりだった。師は弟子たちに指導者としての素質を認め、彼らに託せば教えを伝えることができると考えていた。

　私は大学で教えながら、東洋の伝統の学びを少しでも研究に活かせるように奮闘していた。

　そのバダラヤナ師は、あるとき私の講演会に突然現れた。彼は私の登壇後に、自分は講演者であると言って壇上に上がり、ヒンドゥ教と仏教について深い造詣があると自己紹介をした。

　私は半信半疑だったものの、彼は謝礼も要求せず、その話は十分信用に値するものだった。その上瞑想にはほとんど触れずに、ほとんどが健康やヨガについての話だった。

　私たちはそれから何年も一緒に教えた。あるとき私たちは、メキシコの海岸にある小さな町ジワタネホに誘われ、当地にしばらく滞在して集中的に仕事をした。それは四か月に及ぶヨガの修行と探求の日々だった。

　ある晩私がコテージで座って本を読んでいると、バダラヤナ師がひどく興奮した様子でやってきて、またとないチャンスだと言う。

　十日ほど前、あるメキシコ人労働者が酔っ払って入り江に落ちた。その犠牲者は放っておかれたまま、午後の間中岸辺で波に洗われていたという。翌日神父がメキシコ市から呼ばれたものの、私には理解できない宗教上の理由か何かで、地元民たちは遺体に寄りつこうとしない。

　それでも誰かにいてもらう必要がある。彼らは町に滞在中のふたりのよそ者に思い当たった。頼まれたバダラヤナ師は、それから先の展開に大きな期待を寄せたというわけだ。

　私は彼の興奮に戸惑いながら連れていかれた部屋に入った。そしてさらに訳がわからなくなった。

遺体は氷が詰め込まれた大きな棺に安置されている。見るからに巨躯のその男は、膨れた遺体となってさらに大柄になり、相貌は崩れ青味を帯びていた。あたりには気分を悪くさせる強烈な臭気が満ちていた。部屋に足を踏み入れるにも抵抗を覚えるほどだ。しかし私たちは、そこで一晩過ごすことを承諾した。

師が棺のかたわらに陣取り、私は反対側に座った。すぐに彼は説教を始めた。

「少し前までこの男はまぎれもなく生きていた。それが今やこの通りだ」

私の気分は最悪以外の何ものでもない。それでも彼はダメ押しするように、現実に直面せよ、それが何をもたらすかを観察せよと言う。

怖れ、むかつき、嫌悪感。部屋から逃げ出したい衝動。私をそんな目に遭わせている彼への怒り。

私たちはどちらもしばらく口をつぐんでいた。彼が正直なところ今はどうだと聞いてきた。それは対話で一番の核心だ。彼はさらに率直に説いた。

「こいつは確かに生きていた。今は死んだ肉の塊だ。私たちも例外ではない。それを認めたら、どうなる？」

とてもじゃないが耐えられないと私は答えた。考えたくもない。

彼は言った。「そうじゃない。こいつは私たちに教えようとしているんだ。まぎれもなく重要なことを」

その言わんとすることが飲み込めたとは思わないが、次第にそれほどの苦痛は感じなくなり、私は落ち着きをいくぶんか取り戻した。隙があれば逃げようという気持ちもあったにせよだ。

師は思い切ったように切り出した。「なぜ君を連れて来るのに私がこだわったのかわかるか？」

いのちの尊さを教えるためだろうかと私は言った。

「それもある」「しかしさらに深い意味がある。これはまたとない瞑想の機会だぞ。人生は残り少ない。時間があとどれだけ残っているかはわからない。こいつはまさか、自分が死ぬとは思っていなかっただろう。いのちは尊いが、それだけではない。生きているからこそ瞑想ができる。この男がくれた究極のギフトだ。これは精神修行の決意を固めるための強力な一押しなのだ」

ヨガの修練は仏教と比べ、美しく肉体が老いていく術《すべ》を教えてくれた。仏教は肉体が自分の本性ではないことを見抜き、肉体の空《くう》をつぶさに体験することが眼目だ。ブッダは歩行、適切な食物摂取、健やかな呼吸などが健康を養うことを熟知していたが、それを修行の最優先とはみなさなかった。

のちに出会った私の師のひとり、アチャン・ブッダダーサ◆によれば、ブッダの時代の瞑想者はヨガの知識と実践を常識と考えていたようだ。それは古代インドの精神文化と切り離せなかった。

仏教は、死の気づきの瞑想を突き詰めていった。たとえば、四念処経には墓地における瞑想がある。私はそれを、ヴィパッサナー瞑想◆者の独立宣言にあたると考えている。それは、身心の変化の過程に気づきを確立すれば苦から解放される、という力強い宣言だ。

仏教瞑想を学ぶにつれ、私はタイやスリランカやミャンマーの僧侶と一緒に、自分自身の死の瞑想を試みるようになった。「マラナサティ◆」はそれらの国々で広く知られ、非常に尊重され、高い評価を受けている瞑想で、多くの修行者が実践している。

わが国（米国）であまり知られてはいないのは、指導者が重んじてこなかったからだ。しかし疑いなく意味深いその瞑想を、私は自分のクラスに少しずつ導入していった。それにはいくつかの理由がある。

ひとつには、受講者も私もすでに若いとは言えなかったからだ。そのテーマは自然と私の心の中で膨らんでいった。数年前に父を亡くしたことも大きかった。実際以上に見た目が立派で個性的な父だったが、突如として骸《むくろ》となってしまったのだ。

骨壺に灰として収められた彼は、しばらく私の瞑想室にいたが、今は散灰され大西洋に溶け込んで

◆**アチャン・ブッダダーサ**（Ajahn Buddhadasa, 一九〇六〜一九九三年）
タイの高名な仏教僧。タイ語でプッタタート・ピックともよばれる。森林で教理研究と瞑想を行い、その後世界中から修行者が集まり森林僧院スワンモークとなる。大乗仏教や他の宗教にも理解を示し、伝統的な教理解釈に留まらない独自の思想を展開した。社会活動にかかわる開発僧にも影響を与えた。

◆**ヴィパッサナー瞑想**
ヴィパッサナー（vipassanā／観）瞑想とは、いま現在の自身の感覚や心の在り様を、判断や評価を排して客観的に捉えていく瞑想法。仏教の初期から伝えられる気づきを発達させる修練で、何らかの対象一点に意識を集中するサマタ（samatha／止）瞑想と対になっている（止観）。特に初期仏教ではこの止と観の両方を修行して悟りを目指していく。

◆**マラナサティ**（maraṇasati／死念／死の気づきの瞑想）
キリスト教におけるメメント・モリにも通じる死を想う修練。巻末（二一九ページ以降）で詳しく解説する。

いる。言うまでもなく何よりも、彼は私の父であった。私たちの結びつきは固く、私は父を愛していた。

クリシュナムルティの死もまた、彼の明晰で力強い教えを深く愛し従ってきたゆえに、私には大きなショックだった。彼は温和で控えめな人格者で、熱情にあふれた演説家だった。まるで神が彼を通して語っているようだった。そんな人物も運命の法則には従わざるをえない。横溢するその活力もことごとく消え失せた。

それらを経たのち、私は意識的な死について講義するようになったのだが、一般人に対してはつねに話し方に配慮している。初めての講義でひとりの受講者――大柄でがっしりとした男性――が、突如パニックを起こし部屋から逃げるように去ったので、それ以来とくに気をつけるようになった。

死の気づきの瞑想は、決して万人向きとは言えない。死はいつどこでも触れられるような類の話題ではないのだ。それは聴く者の準備が整って初めて役立ち、ダルマ（真理の教え）の実践の集中を助ける力になるのである。

遅かれ早かれ誰もが死の現実に直面する。今生きている自分にとって死は人生の道のりの果てで待つもの、できればはるか果ての未来であって欲しいと、私たちは生と死を対立的にとらえている。

そうした態度には、無意識の傲慢さが伴っている。人は老いるし病気にもなる、そして死ぬ。しかし自分はこのように元気で、（彼らより）若く、その瞬間が来てもうまく対処できるに違いないと。

その点で現代の文化には大きな責任がある。若者たちを犠牲にして働かせ、病人を病院に、老人を老人ホームへと追いやる。死者は葬儀場で、見栄え良く生前と同じ姿にして見送る。死を意識させないため、あの手この手で取り繕うのだ。

私たちはすべてのエネルギーを注いで物品、知識、地位、土地、友人や恋人などを獲得しようとする。それらの必要性を主張しながら、じつのところ自我意識を生み出し拡張するために利用しているのだ。獲得にいそしむ人生は、老いと死という根本的な事実から目を背けるに等しい。それは持ちものと自分との同一視になる。

人は生まれた瞬間から歳をとる、それが真実だ。それにいつ病気になるか、死ぬかもわからない。次の一息が起こるかどうかの保証もない。死は私の持ちものをひとつ残らずさらっていく。これこそが自分だと思う要素や自己意識も例外なく。

死は人生行路の果てで待っているわけではない。死は四六時中私たちとともに歩んでいる。タイタニック号の大惨事に人は気を惹かれるが、じつは私たち自身も皆タイタニックの乗客だ。私たちも彼らとまったく同じに、自分がクルーズ船で楽しい休暇を過ごしていると思っているのだ。

その一方で私たちは、病気、老い、死などへの無意識の怖れをどっさりと抱え込んでいる。それを避けたり抑圧するのにエネルギーを使うことで、私たちの生命力は枯渇する。怖れに光を注ぎよく観察すれば――バダラヤナ師や他の先達に教えられたように――人生の可能性は大きく広がっていく。死に直面すれば、まったく新たな気持ちで人生に感謝し、いのちを最高に輝かせられるようになる。

仏教の修行は最終的に、解放、目覚め、涅槃の実現を目指している。それは死の不在に行きつく。人生の中で創り出す執着、死の瞬間には手放さねばならない執着が、この世での苦の原因だ。

ブッダははっきりとそれを洞察した。対象に執着すること、とりわけ自我意識への執着が苦を作り出すと。死の瞬間には執着を手放すしかないと知れば、今そうすることでほとんどの苦から解放されるだろう。この瞬間〝執着に死ぬ〟ことができれば、後に苦しまず、最期を迎えても死の怖れにとりつかれることはないだろう。死が放つ光が人生の解放になるのだ。

意識的な死の実践について、ブッダは日頃から意識すべき「五つの観察」を説いている。

●五つの観察

一　私は歳をとる。老いからは逃れられない。

二　私は病気になる。病からは逃れられない。

三　私は死ぬ。死からは逃れられない。

四　私は変化し続け、親しいものや愛するすべてと別れていく。

五　私は自らの行為（カルマ＝業）の所有者、行為の継承者、行為の結果であり、行為によってかかわり、行為に依って生きる者。何をするにも、善きにつけ悪しきにつけ、私はそれらの継承者となる。

社会であまり歓迎されそうもなく、一見して抵抗を覚える人が多そうなリストだ。仏教の無常観を日常に当てはめるのはまだいいが、これらは単刀直入に過ぎるかもしれない。しかし瞑想実践者には、無常の法則を当事者として体験することが求められる。

わが国では、こうした洞察が瞑想の主流になったことはない。六〇年代に大衆が仏教に初めて触れたとき、瞑想は「ハイになる」方法のひとつとしてドラッグ文化絡みで知られるようになった。人々は意識的な死という重いテーマなど眼中になかった。ただ気持ち良くなることが目的だったのだ。

一方、古くから仏教が根付いていたアジアの国々では、死を意識する瞑想はかなり古くから重んじられた伝統であり、多くの修行者が実践していた。死の瞑想こそ瞑想の極致であると評する者もいるほどだ。

ブッダも「あらゆる足跡の中で象の足跡がもっとも大きい。同じように、あらゆる瞑想の中で死の瞑想こそが究極である」と説いている。

死を凝視するなど、陰惨でまったく気が重くなると思われるかもしれない。しかし実際には正反対だ。私の教え子たちは――私自身もそうだが――死の瞑想によって心が軽くなった、穏やかさと安心感が得られたと述べている。

多くの人が、少なからず死に対する無意識の怖れを抱えながら生きている。多くの怖れと同じく、私たちはその重さにあえいでいる。死の気づきの瞑想は、その怖れを拭い去り、死の事実に直面させ、怖れもまた変わりゆく心の働き（無常）であることと、私という個人の幻想性（無我）を教えてくれる。

◆五つの観察

パーリ聖典、増支部五集五七『常習観察経』では観察対象としてこの五つが示されている。

怖れに向き合わず、そのいのちを成就させてやらなければ、怖れは心にいつまでも付きまとうことになる。

存在するものにとって死は不可避であり、いつかは直面すべき事実だ。死の気づきは、瞑想を確実に助けてくれる。自分が死ぬ運命にあることを深く理解すれば、心の目覚めにつながる。人生が永遠でないと気づいたとき、心に強い意欲が生まれるのだ。

こういった心理状態をパーリ語でサムヴェーガ（saṃvega／強い熱情／畏怖心／宗教的・スピリチュアルな精神的高揚）と言う。いのちが脆いものだという意識の目覚めから生まれる修行への強いうながしである。人生が有限であると悟り、これまでの生き方が誤りだったと知って私たちは強い衝撃を受ける。それは今までの世界観を逆転させ、新たに生き直す一歩となるかもしれない。目に見える変化はさほどなくても、瞑想の動機に火がつくだろう。権威、名声、富、欲望、所有への執着は大幅に後退する。ダルマの教え（法）を真剣に受け止め、頭の理解ではなく、真理に従って生き始める。サムヴェーガは私たちの自己中心的なあり方を変容させ、時を超えて、広大な、神聖なる世界を探求させるのだ。サムヴェーガと同じく重要な言葉に、パサーダ（pasāda／信念）がある。それは明晰で穏やかな信念だ。それがあれば自分が置かれた状況に希望を見出し、瞑想の実践によって病、老い、死の限界を超越できるという確信が生まれてくる。

様々な出来事にまつわる問題は、自分の外にあるのではない。すべてに自分の貪欲と執着がからんでいる。苦は行き詰まりではなく、目覚めの門だ。八正道◆を正しく修すれば、病や死の苦しみは解放の喜びに変じる。

人に出口を示さずに、いのちのはかなさだけを見せつけるのは酷である。仏教の教えは、無常を超えて不死への道を開いてくれる。

読者の多くは、ブッダの一生を描いた物語を読んだことがあるだろう。誕生に際して彼は、賢者から統治者になることを予言されていた。王であった父親は息子に跡継ぎになることを望み、彼を王宮に閉じ込めて望みがことごとく叶うよう取り計らった。

王子は十六歳で結婚し子をもうけたが、二十五歳になると漠然とした思いに突き動かされ、王宮から出て外の世界を目にすることになった。

彼はそこで、それまで見たことのない三種の人間に出会った。腰の曲がった老人、重病人、そして墓地へと運ばれていく死人である。これらを目にして衝撃を受け、王子は根本から揺さぶられた。さらに王宮への戻り道で、深い安らぎを得たと感じる遊行者を目にした。王子は、その人のように生きることを決意する。

こうしてブッダは人生の初期に、私たちがこれから探求する三つのテーマ（老・病・死）に出会った。そしてすべての難問を解く脱出口を見つけたのだ。

◆**八正道**
ブッダが説いた、苦から解放されるための八種の日常的な実践の道。正見、正思惟、正語、正業、正命、正精進、正念、正定の八つ。

ブッダが説く「五つの観察」は、ブッダが出会った人々が発するメッセージとぴったり符合する。ことに四つ目の「私は変化し続け、親しいものや愛するすべてと別れていく」は、死によって決定される前に、遊行者があらかじめ選んだ生き方だ。彼は苦しむことになる前に、すぐその場で手放したのである。

僧というものは、家をあとにして家族、性、富やほとんどの持ちものを放棄し、あらゆる贅沢を離れて真の解放のために力を尽くす。彼はすべての人間が備える苦の軛《くびき》を解く能力を開花させようと努める。しかし、出家か在家のどちらで修行するかはあくまで形式であり、どちらかが最終的な答えというわけではない。

四つ目の言葉は、すべての人間が得られる心の解放を、もっとも深く意味深い形で表している。僧と変わらず、私たちのすべきことは貪欲と執着を放棄することだ。クリシュナムルティは、いつもこの教えを説いていた。私たちは日々死ぬべきだ。毎瞬、つまり今、死なねばならないと。

五つ目の観察は、他とはまったく趣を異にする。それはカルマ（業）の法則、生まれ変わりの教えであり、本書の死を扱う部分で触れることになる。カルマと言えば、過去世はどうで未来には何に生まれるなど抽象的な憶測に終始し、概念の遊びに惑溺して横道にそれる場合も多い。それは瞑想から遠ざかる一因になる。

私自身は、カルマの法則は真実であると確信する。私たちの行為は、未来世ではなく今生において結果を生むのだ。しかしここでは、それを深く詮索するのはやめておく。今この瞬間のことだけに集中したいからだ。

私たちがすべきことは、カルマからの解放だ。それを避けることなく、カルマがあろうとなかろうと縛られない境地に至ることである。

五つ目の観察は非常に重要で、ある意味でこれ以上重要なものはない。他の気落ちさせるような四つへの答えを提示しているからだ。本書は最終的に、ブッダが出会った自己を開放する修行をした遊行者のメッセージに、そして今すぐ執着を滅すための四つ目の観察に集約していく。それが最高のカルマになるのだ。

「死後のいのちはあるか」という深く重要な問いを持つのは自然だ。しかし本書ではむしろ、死ぬ前のいのちについての問いを深めたい。死が人生に投げかける光を見つめたいのだ。

これらを心に置いて、最初の瞑想に入っていこう。

注記

私が語る老いと死のテーマの中心には、他のテーマとも共通する気づきの実践がある。とりわけ坐る瞑想（坐禅）は大切だ。瞑想の覚えがほとんどなければ、本書の内容を理解するのは難しいかもしれない。参考のために、巻末付録で瞑想法の概略を紹介した。

気づきの瞑想になじみのない読者は、第一章に進む前に付録（一九六ページ）に目を通していただければと思う。◇1

第一章◉最初の教え

老いからは逃れられない

「変わりたくない」、そう思うから苦しむ。この体を自分のものと考え、自分と体を同一視するとき、私たちはその変化を知って恐れるのだ。

——アチャン・チャー

一　私は歳をとる。老いからは逃れられない。

この言葉に心を向け、深く省察しながら、毎日少しでも味わう時間を持つことが瞑想の支えになるだろう。こう言われて機嫌を損ねる人もなかにはいる。歳をとるのは当たり前だと口では言いつつ、わかっているのは頭だけだ。

私たちはこの事実を本当には理解せず、骨身に沁みてはいない。自分ごとと受け止めていないのだ。そのように生きてもいない。そして少しでも老いの兆候を認めると、食い止めようと何でもする。顔のたるみ取り、髪染め、つけ毛、若者たちの流行を真似ることに限らない（それ自体に反対するつもりはないが)。私が言いたいのは、むしろ肉体の変化に気づくことだ。すべての人間や事物と違《たが》わず、あなたもまた無常の法則に従わざるを得ない。最終的に訪れる死だけでなく、そこに至る小さな変化を含めてすべて。

伝えたいのは、自分の頭にあるイメージを脇に置き、自身に起きている事実を知るということだ。それはほかならぬ普通の人にいつでも起こりうる体験である。私自身の身に最近起こった事で、智慧の目を開かされた体験がある。ヨガの教え子たちに笑いの渦を巻き起こした話だ。

私はセルフケアに熱心だと自認している。ほぼ毎朝ヨガを行い、長距離を速足で歩き、瞑想も相当やりこんでいて、選り抜きのサプリメントをそろえ、食事にもうるさい。

それは三年ほど前の六十三歳のとき、私は歯医者の帰りにボストンの地下鉄に乗っていた。治療の直後だったから、少々やつれて見えたのかもしれないと私は自分に言い聞かせた。

私は金属製の取っ手をつかんで立っていた。そのとき目の前に腰かけていた若い女性が、微笑みながら席を譲ろうとした。その瞬間何ごとか理解できず、私はその人が次の駅で降りようとしているのだろうと考えた。

しかしその駅が過ぎ、さらに次へと進むうちにようやくわかってきた。待てよ、若い女性がこの地下鉄の車内で、私に、席を譲ったのだ。

頭がかっとして、彼女に言いそうになった。「これじゃまったく逆だ。私が立ち上がって君に席を譲る」

私はそれまでずっと席を譲る側だった。しかし彼女から見れば明らかに、その行為は正しかった。若く、壮健で、健やかな女性だ。対して私は、どうやら座った方がよさそうにしか見えない男だった。ヨガで鍛え、良質な食物をとり、長時間歩いたすべては水泡に帰した。私は歳を思い知らされた。そのうち「お爺さん、お座りになりますか？」とか、「気をつけて御老人、その荷物お持ちしましょうか」とか言われるようになるだろう。思い描いていただけの、若々しく元気な「年長者」という自己イメージは、粉々に砕け散った。

それは必ずしも悪い体験ではなかった。いやむしろ良かったのだ。若い女性が勇気を奮って席を譲り、私も座って楽な思いをしたのだから。気づいて自嘲する前に、自分がとった行動こそが重要だった。それは、自分が新たな段階に入ったことを思い知らされる初めての瞬間、現代的な通過儀礼だったのだから。それが私の自己イメージを打ち砕いた体験だった。

自分に抱くイメージとは厄介なものだ。それは自己価値と安心感をもたらす一方で、大きな苦しみのもとにもなる。誰もが持っているのにほとんどの人は気づかない。私たちは自己イメージを創り上げ、守り、多くの時間とエネルギーと資金を費やして、それが傷つかぬよう必死で守るが、日常の体験はそれをなし崩しに損なっていく。

私たちは人からそのイメージに添わない見方をされると、がっかりする。高齢者割引を指摘されて初めて、バミューダパンツにキャンバスシューズ、滑稽な小ぶりの麦わら帽をかぶった自分を意識する。そんな恰好をしたつもりではなかったのだ。良かれと思ってしたファッションは、とっくに時代遅れだった。

人は当たり前のように新たな自己イメージを創作する。「率直に言って高齢者割引に相当するとしても、(歯医者で処置してもらった後でなければ) そうは見えないはずだ。歳にしては元気すぎるほどだし、体力だって二十歳下と同じくらいある。そうだ、君は地下鉄の座席に座ったままでかまわない (割引チケットは使わせてもらうが)」

繰り返すが、健康や見た目に気を遣うことには反対しない。きちんと服を着こなし、清潔を保ち、身を整えることなど身体的ケアは必要だ。それは利己的なふるまいどころか、人間としての尊厳の表明である。

しかしここで伝えたいのは、どんなイメージをも手放し、一瞬一瞬身体に起こる生き生きとした体験をじかに感じる実践なのだ。ブッダはいくつかの経典中で、「身体において身体を (観察する)」と説いた。それは現実に存在するこの体という意味だ。体についてのイメージではなく、今ここにある体、本を読むこの瞬間にはっきりと感じられる身体感覚のことである。

アメリカで名だたる投手だったサッチェル・ペイジは、まったく同じことをさらに具体的な言葉にした。彼が投手として絶頂を極めたころ、アフリカ系アメリカ人の活躍の場は「ニグロリーグ」と呼ばれるリーグに限られていた。ようやくメジャーリーグに行けるようになったとき、サッチェルは選手としていささか歳をとり過ぎていた。

リポーターが思わず歳に触れたとき、彼は「歳なんて関係ない。肝心なのは体より心なんだ。気にしなければ歳は問題にならないね」と答えた。

心はいかに形成されるか

よくありがちな具体例をひとつ挙げてみよう。講師を務めるケンブリッジのインサイト・メディテーション・センターで私は、坐る瞑想や日常生活について、質疑応答できる受講者向けの面談を定期的に行っている。

最近のある朝のこと、訪ねてきた女性から、自らの老いへの深い悲しみと怖れを打ち明けられた。聞けば、起き抜けに背中と膝にこわばりがあるという。自分の祖母や親戚筋の高齢者が、朝に体が固まるという話を思い出したのだろう。彼女は四十代半ばでまだ若いと言えるのに、そこから短絡的に「間違いない、私はもう歳なんだ」と思い込んだ。

彼女はすぐに、体ががちがちになってもとのように伸ばせなくなった自分の姿を想像した。頭は白髪にまみれ皮膚は皺だらけ、魅力は消え去り、歩くにも杖が必要で、ついには車椅子の世話になる。体調は悪化し、意識も衰え、病気と苦痛に見舞われる人生の終末。おまけに退職後の貯えも足りずに貧乏になり、老後に必要な介護も受けられぬようになる。路上で暮らし、ぼろぼろのコートを羽織って、震えながら通行人に物乞いする姿まで思い描いた。

実際の彼女は四十代の魅力ある専門職の女性で、この上もなく快適な家に住んでいる。しかし彼女の苦しみを見れば、すでに路上にいるも同然だった。思考のパワーはそれほど強力である。思考はわずかな不快感を拾い上げ、強力な自己イメージを作り上げる。誰もがこうした突然の怖れ、発作的な妄想に襲われたことがあるだろう。それが智慧を覆い隠してしまうことを、私は誰よりも身に染みて知っている。

老、病、死は私たち多くの運命《さだめ》だ。死には例外がない。その意味で彼女は、自分の現実を見ていたと言える。老後の備えという問題は、現に対処すべきテーマだ。過剰な心配が心にあるのは、取り組むべき重要な課題があるということである。

それは、ブッダがかつて力を込めて説いたように、思考が身体感覚を苦しみに転じるわかりやすい例であり、私たちが取り組むにふさわしい課題である。この話題にさらに触れていこう。

体と心に生起する様々な現象の中でとりわけブッダが強調したのは、「感覚」と翻訳されることが多いパーリ語の「ヴェーダナー（vedanā／感受／受）」である。実際には一般に考えられている感覚とは異なり、むしろ六種の感覚器官（眼耳鼻舌身の五感に〝意〟を加えた「六入処」と呼ばれる意識が発生する場）を通して生じる「感受（感じられたものそのものである原初的感覚）」を指す。

ブッダはヴェーダナーには三種あると言った。それぞれに対し私たちは特有の反応をする。心地よい感受（楽）に対しては、執着したり、繰り返し求める傾向がある。不快な感受（苦）に対しては、排除しようとする。どちらでもない場合（不苦不楽）には退屈を覚え、心の空虚を妄想で埋めたりする。いずれにせよ、感じたままを受け取ることをしない。

先ほどの教え子の女性の不快感は、さほど強くはなかった。朝のわずかな体のこわばりは、心臓発作につながるようなものではない。しかしそれを受け入れずにはねつけた結果、彼女は混乱に巻き込まれた。わずかな身体の不快感が、強い精神的な苦しみにすり替わったのだ。反応のしかたによって、それほどでない体の痛みも激しい苦痛に変わる。

身心を観察するときに、生起がわかる現象は他にもある。ブッダはそれを、心の状態として表した。心は感受よりも複雑である。それは、落ち着きのない心理、（老いの不安というような）思考の蓄積、顕著な身体感覚が入り混じって起こる。

意識には様々あるが、ブッダは説法の中で繰り返し三種のキレーサ（kilesa／根本煩悩）に触れている。三毒とも呼ばれる貪瞋痴《とんじんち》、つまり貪欲と憎悪と無智である。それは愛着、嫌悪、混乱とも言い換えられる。貪欲とは、持たないものを求める気持ちだ。憎悪とは、自らに属する何かを切り捨てようとする気持ち。無智とは、自らの欲求を知らない、または現実をはっきりと把握できず心に霧がかかったような状態である。

キレーサ（煩悩）は通常、妄想や無智から生まれてくる。無智こそがあらゆる渇望や嫌悪の真の源である。ゆえに、先の女性の問題の原因は無智であり、そこから嫌悪感が生まれたと言えるだろう。彼女が直面したくない何かがそこにはあった。それによって（ネガティブな）心の状態が膨れ上がったのである。

あるときブッダは、そうした状況に置かれたときの悟った者と悟っていない者の反応はどう違うのかと問われた。ブッダは悟っていない者は、二本の矢を当てられた兵士だと答えた。

例の女性にとって、最初の矢は体のこわばりだった。二本目は彼女自身が作り出した精神的な動揺である。一本目の矢は避けられない。人間である限り苦痛や困難はつきものだ（その多くが老い、病気、死などの大きなテーマにつながっている）。それらを避けられると、ブッダが言ったわけではない。

それでも二本目の矢を避けることはできる。身体的な苦痛を心の苦しみに転じる必要はないのだ。こわばりがあれば、そのままを感じることができる。何の不都合があるだろうか？　他のあらゆる現象と同じく感覚も無常（変化するもの）である。

ある程度心の目覚めた人も、体にこわばりを感じ、不快感を持つことがある。しかし、ただそれだけだ。もちろん、言うだけならたやすい。そうした自由は、長期にわたる厳しい訓練がなければ得られない。（同時に今すぐにも達成可能だ。感じている感覚を、そのまま感じ続けること。それをことさら苦痛に変えることはない。初心者にはある程度の意志が必要だが、目覚めた人にはもはや意志はいらない）。

面談にやってきた女性は、すぐに自分が「怖れ」という錯綜した心の状態に投げ込まれたことに気づいた。体のどこかに不快感があり、思考は増大する一方だったと察する。ふつうは、その思考のほうがより鮮やかだ。そうなると、現実は考えた通りとしか思えない。彼女は貧困に沈み、長期にわたって徐々に苦しみに満ちた死を迎える運命になっただろう。

こうした思考への対処法はいくつかある。面談中に私たちは、一緒に過去を振り返った。そのとき湧いてきた考えに焦点を当て、まったくの妄想の産物と現実に根拠があるものとの仕分けをしたのだ。

目覚めが起こったのは、混乱した精神状態がおおかた収まってからだった。

体験のさなかで彼女は、怖れに支配されていた。そのとき一番の対処法は、呼吸に注意を向けることだったと思う。それは怖れを抑圧することではない。彼女は心の怖れに気づきながら、一方でそれを受容する余裕がない自分を認め、しばらくの間ほかの対象に気をそらして落ち着く必要があった。それができれば、怖れをじかに観察できるようにもなる。

もし彼女のマインドフルネスが十分成熟すれば、怖れにさらに良く対処できるようになるだろう。その感情に何も足さず、引くこともなく、ありのままに観察できるようになる。体のこわばりという不快感から怖れが生まれ、身体感覚と思考という形で増殖し、やがて消滅していく様子があらゆる現象と同じように観察できる。

巻き込まれている渦中では、怖れは動かしがたく強固に見えるかもしれない。しかしそれにはもとより実体がなく「空《くう》」であること、怖れ自体が無常であることが理解できるようになる。そうして深く洞察すれば、怖れは彼女にとってほとんど問題ではなくなるはずだ。

怖れと呼ばれるエネルギーに注意を向け、私たちは観察を持続させることができる。刺激への対応が素早くなり、この実践がこなれてくれれば、問題を避けずに観察できるようになるだろう。人生を支配していた怖れにもとらわれなくなる。だから気落ちすることはない。

意図的にこうした洞察を行い、時間をとって日々老いという事実を見つめる、それは老いに取り組む方法のひとつだ。私は歳をとる、老いからは逃れられない。この言葉の意味が心に浸み込むまで味わう。老いや衰弱を、動作が緩慢になり、体力に限界が訪れ、人の世話になる様子をありありと思い描くのだ。

今この瞬間にも多くの人がそれを経験しているが、私たちは盲目的な傲慢さで、彼らより若くて健康である立場から彼らを見下している。しかしすべての人が同じ法則の中で生きているのだ。病、老い、死については、万人が同類なのである。

老いの洞察の過程で生まれるどんな感情にも、私たちは対応できる。ありのままの感情を、ただ観察することだ。やがて、それまで気づいていなかった怖れさえも流し去られるだろう。

老いに取り組むもうひとつの方法は、「自然な観察」というものだ。たとえば、ここで紹介した女性が感じたような、日常生活の中で起こる小さな変化を逆に生かす方法だ。私たちはいつも見ぬふりをして、そんな出来事を心の奥に隠す。そうでなければ、落ち込んだり、心が不安定になり、老化していく体に影響されてわれわれを見失う。

しかし、これらを実践のチャンスととらえ、湧いてくる感情と取り組めば、すべては貴重な学びになる。不安定な精神状態や、老いそれ自体からも解放されるのだ。歳をとらなくなるわけではない。身体の老化による苦しみがなくなるのである。

本書ではこれまで、とりわけ身体に現れる老化の兆しへの執着と、そこから自己像を創り上げる心の傾向に焦点を当ててきた。自らの若々しいイメージが打ち砕かれ、望まなかった老いのイメージが割り込んでくると、悲しみや苦痛にさいなまれる。

問題は自己イメージの形成だけではない。実際に変化も起こるからだ。走ること、考えることも遅くなる。筋力が衰え、スタミナは失われる。身体バランス、記憶、性的能力も減退する。仕事場から追われ、首位打者から陥落して補欠扱いになるかもしれない。

こうした喪失は自己イメージだけでは語れない。嘆くことはあっても、能力の喪失を必ずしも苦しみにする必要はないのだ。これまでのような洞察が、喪失を直視し、身に降りかかる運命と折り合っていくヒントになるだろう。

私がシカゴ大学の社会心理学科の博士号取得にいそしんでいたときのこと、あらためて無常を思い知るような強烈な体験をした。当時からすでに私は時代遅れなタイプだったが、人間行動の研究者を自認しながら、ノートとボールペンだけで十分な体裁を整えたつもりだった。

しかし私が働いていたのは、科学の特殊な研究の最先端——技術力を誇示するような部門で、私もそのころ登場したコンピューターを使うことになった。それは（プログラミング言語である）フォートラン（Fortran）を使った一部屋をまるごと占有する機械で、耳障りな轟音を立てながら大量の紙を吐き出した。

そんな怪物との付き合いは御免こうむりたかったが、論文審査委員会の責任者の命で、巨大なそのコンピューターや操作する係員たちとかかわる羽目になったのだ。取り出したデータを彼らに手渡しても、その先どう処理されるのかは皆目見当がつかない。彼らだけが理解できる複雑な専門用語が飛び交う現場では、私の仕事の内容など彼らは知らず、興味さえ持たれなかった。

自分の発見に大興奮して報告に行くと、「内容なんてどうでもいい。データ以外はいらない、変数は何だ」と返されたものだ。

ある日入室すると、そこは葬式でも行われているかのような空気に満ちていた。いつもより多いチーム全員がそろっていた。皆そろって気落ちした様子に、「いったいどうしたんですか？」と私は聞いた。「新規のプログラムが導入された。はるかに簡単で高速なやつだ。俺たちは一気にお払い箱ってわけ。十年もかけて研究してきたのに今じゃ骨董品さ。そうこうしてる間に、新しいプログラムを使いこなす若いやつらがやってきて、仕事を取り上げ、我々は置いてかれたんだ」と言われた。

私は心底打ちのめされた。「人生を移ろいゆくものに任せるな。遅かれ早かれ肩透かしを食うことになる」。まさに最新のコンピューター分野のことだ。生身の人間である私たちもご多分に漏れない。ブッダが説いたように、そこに最終的な充足はないのだ。

バランスを取り戻す

違う角度から、老化の過程により間接的に取り組む瞑想もある。肉体の穢れを観想するアスバ瞑想（不浄観）もそのひとつだ。ここでは、身体を三十二の部分に分け、その一つひとつを瞑想の対象にする。あらかじめ定められた部分ごとの名称を憶え、ひとつずつ取り上げながら、心の中で唱え、深く洞察してゆく。瞑想は頭髪から始まり、皮膚、指の爪、歯などに進む。

その後身体を展開して内部を観察していく。血液、尿、排泄物など、あらゆる不快な物質である。ある程度三昧◆が深まっていれば、きわめて明晰に観察することが可能だ。私自身は気分が悪くなったこともある。

これで性的な欲求を一掃することもできる。ゆえに、禁欲を守る出家者の性欲を減じるためにも使われた。この瞑想は肉体の本質を見抜くためには欠かせない。ここにある体は私自身ではなく、私の所有物でもないとわかってくる。

初めて不浄観を体験したのは、インサイト・メディテーション・センターのリトリート◆だった。ミャンマーから来た導師ウ・シーラーナンダ◆師が、法話の最中この瞑想について切り出したのだ。

当時私はハタヨガの実践を通じて呼吸に集中し、良質な食材に気をつけ、健康を保つよう努めていた。私には何ごとも理想的な色づけをする傾向があった。そんなとき出し抜けに瞑想の指導者が、体は汚れていると言い始めたのだ。聴衆の反応が察せられるだろう。これからとんでもない話に巻き込まれそうだと、皆不快感を示した。実際席を立った者もいた。

「こんなことブッダが考えたはずがない」、私は思った。彼は悟りや目覚めといった人生のすばらしさを追求したのだ。そのころ私は、自分が考える美や倫理にそぐわないような瞑想に出会ったら、遠ざけるようにしていた。不浄の瞑想などとんでもないことだった。

十年たち、私はタイのアチャン・スワット◆のもとで、不浄観を実践する六週間の集中的な合宿に望んだ。師に最初の体験で乗り越えられなかった嫌悪感や疑念について伝えたところ、彼は大笑して、不浄観はたんに嫌悪を作り出すものではないのだと言った。それは体に対する強力な同一化と執着、そして陶酔への対抗措置なのだという。ある程度修行すれば、身体の各部分を流れるように観察できるようになる。とくに注意を引く場所があれば、そこを集中的に瞑想対象にする。

私の場合は、とくに骨格に心が惹かれた。子どものころから骨が大好きだったのだ。そこで骨格が瞑想の対象になった。

二、三週間瞑想を続けると、極度に集中が高まり、私自身を含めすべての人を骨格で見られるようになった。また、体内の臓器、血液、胃、腸などがありありと浮かび上がってくることもあった。食

◆**三昧**（samādhi／サマーディ）
集中が高まって心がぶれず、安定が持続している状態。定《じょう》とも訳される。

◆**リトリート**（retreat）
瞑想の合宿のこと。日常生活から離れて集中的に瞑想訓練を行う。期間は一日だけから数か月の長期に渡るものまであり、内容や厳しさにも様々な程度のものがある。

◆**サヤドー・ウ・シーラーナンダ**（Sayadaw U Sīlānanda, 一九二七〜二〇〇五年）
ミャンマーの僧侶。一九七九年に、法話や瞑想会のためマハーシ・サヤドー達と共にカリフォルニアへ来たが、在米ミャンマー人の要望を満たすためアメリカに残った。米国テーラワーダ仏教協会の設立に参加し、さらにカリフォルニアにダンマナンダ・ビハーラを設立する。

◆**アチャン・スワット**（Ajahn Suwat, 一九一九〜二〇〇二年）
タイの森林派僧侶。二十歳のときに出家し比丘となる。一九八〇年代にアメリカ西部に渡って瞑想の指導を行い、さらに複数の僧院を設立した。

事時に食物がたどる道筋が見えて、気分が悪くなったこともある。

瞑想が身についてくると、師は指示を切り替えた。肉体を部分ごとに解体して観想できるようになった私に、今度は「もと通りのきれいな体にまとめなさい」と言ったのだ。それも一面の真実だ。体は奇跡である。言われたとおりにすると、またばらばらにしろと言われる。そうして私はどちらも難なく行えるようになった。

肝心なのは中道の精神を育てることだ。体を賛美することもそれに執着することもなく、まるごと否定したり、無視もしない。しかし肉体を全否定して修行の邪魔扱いをし、制覇すべき対象と見なすような一派もいまだに存在する。

ブッダはある時期そうした苦行のやり方に従っていたが、最終的にはきっぱりと決別した。そして肉体を適切に扱い、大切にする中道の実践をしたのだ。彼は執着もしなかった。肉体はつねに変化し、やがては残らず失われるからだ。

バランスの取れた見方が目指すところである。確かに体が存在するのは、疑いようのない事実だ。それは一般に言われるような意味の存在とは違う。体は変化する無常の現象だ。もとよりそれは私ではなく、私の所有物でもない。

最初は概念に過ぎなくても、瞑想経験を重ねれば真実であることがわかる。体があることは否定できない（しかも確実に老化する）。同時にそれは誰のものでもないのだ。

ブッダの教えの結晶である『ダンマパダ（法句経）』は、詩の形で不浄観について今まで述べた老いを表現している。その冒頭の一節に、酒を飲んではしゃぎながら、浮ついた不真面目な態度で法話を聞こうとする女性信者たちの話がある。ブッダは彼女らに向かってこう話しかける。

自らが炎の中にいながら
笑ったりはしゃいでみたり
暗闇に捕らわれているのに
おまえたちはなぜ光を求めない？◆

ここで炎とは欲求や渇望のことだが、それは世界中が貪欲、憎悪、幻想に燃えているという有名な象頭山《ガヤーシーサ》の火の説法と同じである。浮かれた女たちは、自分たちがいかに自らの貪欲の奴隷になっているか気づかなかった。彼女たちを閉じ込めている暗闇とは、無智のことである。求めるべきは光なのだ。

続く第二節は、亡くなったばかりの当時良く知られた売春婦のエピソードだ。それは彼女の人生の様々な場面を描写し、化粧で美しさを引き立てても、やがて来る冷酷な未来は隠せないことを示している。

美しい容貌もよく見れば

◆ダンマパダ第十一章一四六

膿みただれた傷に覆われる病のしるし
多くの者が求めようとも
確実に永らえるものはたえてなし◆

肉体への「求め」とは、彼女と寝たがる多くの男たちの欲望のことだ。それはこれまで書いたような肉体についての美しい自己イメージと、絶えず崩壊していく肉体の二面性を示唆している。肉体の行きつく運命がわかれば、それほどまでに執着しなくなると教えているようだ。

第三節も似たイメージを描いている。これも不浄観の一種だが、肉体の理想視を戒めるような怖れと嫌悪を引き起こす言葉だ。

この身は朽ち果てて
病の巣窟となり解けゆく
腐敗する肉塊は
塵に帰るさだめ
生は死に包囲されているゆえに◆

第四節もまた仏教瞑想のひとつだ。墓場まで直接赴く僧は、死体が分解してゆく段階の変化を観察する。やがて骨格だけが残り、その骨も解けてばらばらになる。さらに塵となりゆく様子を観察する。塵は風に吹きさらされ、かつて人であったものは微塵も残さず消えていく。

打ち捨てられた
骨々を見れば
まるで秋の瓜の実
灰色鳩のよう
もはや喜びの片鱗もなし◆

この言葉の背景には、ある若い僧侶たちの物語がある。自分が悟ったと思い込んだ彼らは、じつは程々の三昧を体験しただけだった。ブッダは彼らを墓場へ連れていき、平静さを試そうとした。それによって僧侶たちは、まだまだ修行を続けねばと悟った。

第五節は、自らの外見にとらわれ、ブッダの教えに耳を貸そうとしない美しい王妃の話である。ブ

（右から順に）
◆ダンマパダ第十一章一四七
◆ダンマパダ第十一章一四八
◆ダンマパダ第十一章一四九

ッダは彼女自身の容貌を目に見える像で示し、それが老いていく過程を現実そっくりに、実際よりも速く描いて見せた。

肉と血で塗り固め
骨で組まれた都市
それが大切に隠しもつのは
高慢、軽蔑
老いと死ばかり◆

六節目は、たとえ富を積んだ王族であっても、一般人と同じく無常の法則からは逃れられないことを示している。一方、人には老いない部分もある。

装飾を凝らした
王族の馬車でさえ
やがて動かなくなる
この肉体もまた
老いには勝てない

しかし善なる法《ダルマ》は
決して老いることはない
善知識は正しき人々に
そう知らしめる◆

「善知識」とは深淵なる真理を知る人。「正しき人」とは、修行の準備が整った人のことを指す。修行者である私たちは、老いをまっすぐに突き抜け、時間を超えた場所へとたどり着く。
七節目は精神的に成長できない人々に向けた言葉である。体は大きくなっても心の成長がなければどうだろうか。

聞く耳を持たぬ人々は
その成長も牛と同じ
肉体は育っても
智慧は幼いまま◆

（右から順に）
◆ダンマパダ第十一章一五〇
◆ダンマパダ第十一章一五一
◆ダンマパダ第十一章一五二

第八節と九節は、ダンマパダの中でもっとも良く知られる節で、勝利の凱歌◆とも呼ばれている。

私はいくつもの転生を
空しく巡り暮らしてきた
安らぎも味わわず
我が家の造り手を探して
苦に満ちた果てなき輪廻の中を

造り手よ　そなたは見られた
二度と家は造らせまい
その梁はことごとく折れ
棟木《むなぎ》も砕かれた
心の形成作用は解け
我が渇望はついえた◆

ざっと読むと、これらは老いという概念を手放し、死を受け入れ、再生へと向かう物語のように見える。西洋人は生まれ変わりになじみがなく、それを頭から否定する者もいる。

この語り手は悟った人物で、誕生と死のめぐりから解放されている。しかし見方を変えれば、解放とは今ここにあるとも言える。

この人生では、自分や自分の物、感情、感覚、精神状態などに執着するたび、自我が再生される。この再生が連続することによって、私たちは非常に消耗する。渇望と嫌悪と様々な傷を持つ自我に、四六時中とらわれていれば無理もない。

体のこわばりを感じて「私は年寄りだ」と思うとき、この再生は起こる。突如苦しみに満ちた世界に、新たな姿で生まれ直すのだ。その仕組みをはっきりと見抜けば、それに巻き込まれまいとする決意ができる。「我」は造られず、家は建たない。まさに日常の中で涅槃は見出せる。

最終節は、霊的な生き方と俗世間の生き方の板挟みになり、どちらも選べない人についてだ。両方をいっぺんに生きることはでるが、道を定めずにどちらも避けて生きれば。日々は精彩を欠き平板なものになる。

若き日を清く生きず
財を築くこともなければ

◆**勝利の凱歌**
菩提樹の下で悟ったブッダが最初に発した言葉と言われている。
◆**ダンマパダ第十一章一五三および一五四**

魚が絶え　干上がった池に住む
アオサギのごとく
人は老いてやせ細る

若き日を清く生きず
財を築くこともなければ
後悔のため息をつきながら
射られ損ねた矢のように
人はただ横たわる◆

失われるのは誰の心か？

この「勝利の凱歌」は、仏教の「不生」のことであり、無条件、不死、仏性、涅槃、本然などと様々な名で呼ばれている。厳密には、「五つの観察」（二六ページ）の後半の死の気づきに現れてくる、死そのものに深くかかわる主題だ。

しかし、いま私が示したように、これは本書中の仏教の教えのすべてに共通するテーマだ。それは未来にも過去にも属さない。私たちが今生きていることそのものだ。

大乗の教えである般若心経は、以前触れたように、あらゆる現象は無常で実体がなく形あるものはみな空《くう》であると説く。そして空は、形あるものに他ならない。私たちが切に探し求める空は、形あるものの世界の只中に存在する。他のどこを探しても見つからない。

私が今このテーマに触れるのは、それが老いと死を扱う私の講義や瞑想のグループの中で何度も出される質問だからだ。クラスでは中年以上の受講者が多くを占める。それ以外の年齢も含めて、老いと死の問題に悩む人が多い。自分の病気や死に限らず、親や身内のこともある。

彼らは怖れや不安を抱えてやってくる。クラスでは、よそのように問題に蓋をして隠したりはせず、人生の一部として実践の対象として向かい合う。

身体的な病や死についての問いも、そのほとんどが老いと心の問題から発しているようだ。

受講生たちは、ガンなどの身体的な疾患については瞑想による対処のしかたを理解している。最期のときに明晰な意識が保てれば、瞑想が大きな助けになることもわかっている。しかし老いさらばえたらどうすればいいのかわからない。脳の機能が低下し始めたら？　障害状態に陥り、瞑想する能力が損なわれたときには？

私たちはガンやエイズなど多くの病気を恐れる。無力になって人に頼るしかなくなったらと心配する。しかしそれ以上に、アルツハイマーなどの脳疾患を恐れるのではないだろうか？　死期が近づくにつれ、精神的な機能のコントロールを失うことへの恐れ。そのとき、どうすればいいのか？

◆ダンマパダ 第十一章一五五および一五六

私自身にもまったくわからない。私がそうなったとき、聞いてみてほしい。

私が慕う師のひとりである韓国の僧、活力と喜びにあふれた人物碧超◆禅師があるとき私に話してくれた。彼に深い智慧の目覚めを感じたので、死んだらどうなるのかと尋ねたときのことだ。「わからんね、死んだことがないので」、彼はそう答えた。

老いと死についてのあらゆる教えには、深い思索からきたものと、経験にもとづくものがある。私はと言えば、可能な限り具体的な体験から生まれた言葉で語りたい。

私にはこのテーマを照らすような体験がいくつかある。たとえばインドの偉大な師であり、高齢について説いたニサルガダッタ・マハラジ◆だ。彼は八十代のとき、ヨガ行者として老いるとはどんな体験かと問われた。

「自分が弱ってきたのを見ているだけ。記憶がまとまらないことなんて、日常茶飯事じゃよ」、彼はそう言って大声を出して笑ったという。

彼は、思考や脳の働きより大きな、すべてを見守る存在のことを言っていたのかもしれない。

私たちの多くが、その大いなる心を察知したことがあるはずだ。自分の思考を観察すると、考えている自分より〝気づき〟のほうが大きいことを知る。瞑想を深めていくにつれ、その「観察者」としての自分になってゆく。

危険を冒してまでも自らの本性をぎりぎりまで観察し、しまいにその先を見通していく。あなたは観察それ自体、純粋な気づきとなる。その気づきは何からの影響も受けない。そこにあるだけ。ほかのすべては景色となる。

深い尊敬と敬愛を受けたタイ森林派の僧侶アチャン・チャー◆は、晩年受けた手術の失敗によって脳髄に液体がたまる状態に陥った。症状の詳細はわからないが、それによって最期の数年は意思の疎通ができなかった。

もちろん、指導者の理想化には注意すべきだ。彼らの最期が非現実的な投影から生まれるストーリーで彩られることがままある。しかし伝聞によると、師が言葉を発しなくてもそばにいるだけですばらしかったという。彼の存在自体が教えだった。話さなくても、師は確かな存在感とまぎれもない安らぎを湛えていたのだ。訪ねた多くの人たちが、気落ちするどころか励ましを受けたと証言している。

◆**碧超《ビョクチョ》禅師**（一八九九〜一九八六年）
韓国の禅僧。九歳の時、満空和尚のもと修徳寺で出家。諸方の寺院で修行をした後、一九四〇年から三十年にわたり修徳寺《スドクサ》の住職を務め、同寺の発展に貢献した。一九八五年、徳崇叢林の第二代方丈を務める。尚、叢林とは現在韓国に八か所ある大規模な寺院を言い、その代表を方丈という。

◆**ニサルガダッタ・マハラジ**（Nisargadatta Maharaj, 一八九七〜一九八一年）
インドのヒンドゥ教の非二元論行者。家庭をもち店を経営していたが、シッダラメシュヴァール・マハラジに師事した後に旅に出て悟りを得た。自身の講話を英訳した著書『私は在る』で、広く世界中に知られた。

◆**アチャン・チャー**（Ajahn Chah, 一九一八〜一九九二年）
現代タイ仏教を代表する森林派の名僧。二十一歳で出家。明瞭な教えによりタイ国内で大きな支持を得た。また、一九五四年に自身が設立したノーンパーポン寺院で外国人を含む多くの比丘たちを指導。西洋に戻った弟子やその孫弟子が系列の僧院を設立しており、世界的にその名が知られている。

タイの森林派では、人の目覚めの意識を「ブッドー」◆と呼ぶ。「知る者」というような意味だ（この言葉を、瞑想のとき沈黙の中の集中に使うことがある。初めの音節を吸う息とともに、次の音節を吐く息とともに念じ、マントラのように繰り返す）。人は誰もがこのゆるぎない存在なのだが、完璧にはそうなれていない。瞑想による実践のうちにその存在は深まっていく。気づきの本性に目覚め、その明晰な沈黙に生き、行動していけるようになるのだ。

瞑想を始めるのは、つねに今だ。脳卒中やアルツハイマーになるまで待つ気にはならないだろう。気づきの意識が深まれば深まるほど、気づくことは楽になる。

ふだんから恐れていた精神が脅かされるような状態に陥っても、気づきが避難所になってくれる。鈴木俊隆◆老師は言った。「老いを楽しむことも修行の目的のひとつ。自分をごまかすことはできぬ。真摯な修行だけがそれを可能にする」

初期のアルツハイマーにかかった友人がいる。診断を受け自分でもわかっていた。一方で彼は、長年洞察の瞑想を実践していた。記憶はまぎれもなく失われていったし、それを過小評価することはできない。実際、記憶障害が起こったときには、落胆や恐怖に巻き込まれた。話しかけている相手や、話している理由さえ忘れることもあった。それでも彼は、そうした自分の恐怖を観察することができた。

人前で症状が出たときは悪夢だった。しかし彼の勇気、妻の支え、長年の瞑想体験が、彼に認知障害と怖れをマインドフルに受け止めることを思い出させた。

朝目が覚めたとき、自分の居場所やすべきことをすっかり忘れていると話してくれたことがある。

しかし彼は、そうした混乱や認知障害へのマインドフルネスを身に着けていた。それから二度とパニックは起こさなかった。それらの時期を経過して、流れに身をまかせ、ときを迎える準備ができていたのだ。

そうして彼は、記憶喪失の症状により良く対処できるようになっていった。そしていまや、去来し変化する現象として自分の症状とつき合えるようになった。記憶を失う困難と悲嘆はまぎれもない事実だが、それらに飲み込まれることはなくなったのだ。

「今を精一杯生きることができるか？」それが問題だと思う。自分に与えられた人生をどのように生きるか？

教え子に高齢者のケアを仕事にしている者がいた。彼女にはすばらしい体験談がある。九十三歳のある女性患者は、車椅子に座ったきり視力が衰えていく問題を抱えていた。

教え子はその女性に、オルダス・ハクスリーの『The Art of Seeing』◆という本を手渡した。後日立

◆**ブッドー**（buddho）
ブッドーはパーリ語の発音であり、タイでは一般的に「プットー」と発音されることが多い。

◆**鈴木俊隆《しゅんりゅう》**（一九〇五～一九七一年）
曹洞宗の僧侶。一九五九年にアメリカに渡り、桑港寺の住職となる。一九六〇年代にサンフランシスコ禅センターとタサハラ禅マウンテンセンターを設立。禅の修行を伝えた。著書『禅マインド　ビギナーズマインド』が世界的ベストセラーになった。

◆**『The Art of Seeing』**（一九四二年）
邦題『ものの見方　リラックスからはじめる視力改善』（ビイング・ネット・プレス）

ち寄ってみると、女性は本に書いてあるエクササイズを行っていたという。つねに自分の可能性にチャレンジする彼女は、「私、立ってこの廊下を歩いてみるわ」と言った。そうしたところで障害がどれほど改善するかわからなかったが、彼女が望んだのだ。できることは何でもやろうとする人だった。

インサイト・メディテーション・ソサエティの同僚クリストファー・ティトマスが、さらに感動的な話をしてくれた。彼は病院に勤める友人の医師から、ある患者に会ってほしいと言われた。幼少期に小児麻痺を患ったその女性患者は、ずっと鉄の肺◆の中で過ごしていた。そうして四十年以上も閉じ込められていたのだ。

クリストファーが訪ねたとき、彼女は微笑みながらうれしそうにしていた。医師や看護師たちはみな彼女のそばにいたがった。いつも幸せで穏やかな人だったからだ。「どうしてそんなに幸せそうなの？」と思い切って聞くと、「ときどき誰かしらやってきて窓を開ける、するとそよ風が入ってくるの」と彼女は答えた。

だから私たちも、今自分が持つ何かを生かして、今ある喜びを精一杯味わうのだ。彼女みたいにそよ風を感じる。そこに喜びを見つける人がどれだけいるだろう？

最後に、私が知る最高の手本であるわが父について書こう。最期の数年間、父はアルツハイマーを患っていた。瞑想など金輪際したことがなかった父。細胞のすみずみまでそのいのちを、そして人生のほとんどを、宗教とは真反対の活動に注いでいた。彼はその昔熱心なマルクス主義者で、宗教は大衆のアヘンであるという信条を持ち続けた人物だ。つまり反宗教が彼の宗教だった。

父は、ラビ、神父、尼僧などを憎しみの標的にし、寄生虫みたいな人間と考えていた。彼はラビの十四代目という家系だったが、反逆児だった。だからこそかえって、積年の様々な複雑きわまる経緯を抱えていたのだ。

そうした考えとは裏腹に、私は幼少時に正統派のユダヤ教の教育を七年に渡って受けた。父に呼ばれ耳打ちされたものだ。「これは、お母さんと、爺さん婆さんのためだ。まったく無意味なんだが」。父の言葉を私はうのみにした。

私がずっとのちに瞑想に出会って、大学の職を離れたとき、父は驚いていた。両親の家を訪ねた私は、当たり前のように日々の習慣である坐る瞑想をした。

「まるで拝み屋だ」、彼はユダヤ教の言葉でそう嘆いた。「ラビの伝統を蒸し返そうってわけか！　今まで勉強してきた結果が先祖返りか。愚かしいにもほどがある。お前はユダヤ人のおいぼれと同じだ。少しは人生に役立つようなことはできんのか？」

アルツハイマーになった彼は、意識が曇ったり晴れたりを行き来した。知的で、鋭く、理性的なときもあれば、突然混乱が始まり、すっかり正気を失うこともあった。目前の出来事と八十年前の記憶が混じることもあった。理屈づけはあるにしろ、まったく混線していたのだ。

◆**鉄の肺**（Iron Lung）

ポリオ（小児麻痺）患者に用いられた人工呼吸器の一種。患者の首から下の体をタンクで包み、その内部で減圧・平圧をくり返すことで呼吸を助けた。患者はほとんどの時間をこの中で横になって過ごさねばならず、中にはポリオ発症から生涯に渡って何十年も使い続けたケースもあった。

母の手にも負えなくなってきたので、私たちは父を介護施設に入れざるを得なかった。着いてすぐ父は、そこが大嫌いになった。とりわけ食事だ。逃亡を試みたのは四回にのぼる。歩くことはできなかったが、どういうわけか車椅子でうまく誰にも捕まらずに外に出たのだ。父は自分の脚で立ち上がり、雪の中に倒れたようだ。それを見つけてくれた人がいた。

訪問していとまを告げるときには、まるで永久に見捨てられたかのように、父はひどい落胆を見せた。私にも非常につらい瞬間だった。しかし一方で父は、自分の精神状態が尋常でなく、感情的に極端な反応をしてしまう自覚があったと思う。眼を見ればそれがわかった。

二年半ほどして事態は変化を見せ始め、父はあまり愚痴を言わなくなった。実際に献立も好むようになった。「一緒に食べたらどうだ?」まるで四つ星レストランに誘うように言われたこともある。

彼がまったく落ち着いて見えるときには動揺した。信じていいかどうか迷った。私より落ち着いていたかもしれない。

思い出すのは、施設に通ってあれこれ世話を焼いていたときのこと。私は彼の好物、スモークサーモンとクリームチーズのベーグルを持って行った。そして背中を撫でながら、どれだけ父を大切に思っているか伝えた。

父は穏やかで澄み切った目で私を見て言った。「そう頑張りなさんな、私もお前が大好きだ。お前の気持ちはわかってる、それで十分だ」

またあるとき、私の妻が言った。「お父さんはこれまでずっと生きることを大切にしてきたのね。

いつも元気で輝いていて。人生を愛してるお父さんはすごいと思う」

父は数分間黙ったまま座っていて、口を開いた。「それは違うな。いのちの大切さを知ったのは六か月前のことだ」。これには私たちも完全にやられた。アルツハイマーになり、車椅子で過ごすようになって、初めて父はいのちの価値に目覚めたのだ。老いて病んでも、なお学ぶことをやめなかったのである。

もう先も長くはないと思われるころ、家族大勢で連れ立って父を見舞いにいった。部屋に近づくと、父がロシア語で何か話している声が聞こえた。彼がロシアを後にしたのは十四歳のときだ。そして今九十になる。

父はうやうやしくロシア語で神に話しかけていた。「あのなあ神様、ずっとあんたのことを信じなかったんだ、神など価値がないと。しかしだ、終わりが近い今となってはもう何でも聞く、まったく正直なところ。知らせてもらえたらいいんだが、わしにも見える形で。もうさっぱり、わからなくなっちまった」

誰にも希望はあるという私の直感は当たっていた。たとえどんな状態になっても、人はどこかにはっきりと自覚が残っている。正直な自分が、真実を見ようと欲しているのだ。

じかにその部分に触れるのが、私たちの瞑想である。

第二章◉二つ目の教え

病からは逃れられない

肉体が病もうとも、心が病むことはない。ゆえに体の主《あるじ》よ、瞑想に励むことだ。

――ブッダ（相応部ナクラピター経）

二　私は病気になる。病からは逃れられない。

ダルマ（真理）を求める者、とくに上座部仏教徒◆の病気に対する姿勢は、一般世間の価値観と比べて根本的に異なる。アジアの僧侶たちが好んで病気になるという意味ではない。彼らももちろん健やかさと修行への活力を望んでいる。しかし一方で、体が病気になってもそれを修行の好機ととらえるのである。

見方を変えれば、病気はすべてが予測不可能であることを単刀直入に知らせてくれる。病気はまぎれもなく無常の表れであり、肉体という現象が変化し、ときにはあっという間に壊れるという事実を教える。さらにふだんは意識しないが、病気によって私たちは最終的に肉体をまるごと手放さねばならないことを悟る。

これは瞑想の極めて重要なテーマとされている。私たちはその警告を忘れず、与えられた機会を無駄にしないで、自己省察の機会とすべきだろう。今の自分と正反対の要素の観察によって、自分の本性が見えることがある。つまり、私たちの肉体は永遠ではない。

ダルマの実践者は、治癒のために考えられることは何でもするが、病気の症状や健康だったころを振り返って嘆いたりはしない。とりわけ病床では、病が瞑想の特別の機会になる。そのときだけは、日常的な責任や心配などをすべて手放せるからだ。

仰向けになっている点を除けば、それはちょっとしたリトリートであり、一分刻みで身体感覚や心を観察する機会になる。症状によって感覚がとりわけ鮮やかに感じられるようになる。痛みも例外ではなく、瞑想を進歩させるすばらしい恵みなのだ。

こんな視点は、一般の価値観とはまったく逆である（公正を期すならほとんどの文化では）。現代は活力と生産性を重んじ、現実的能力を評価し、頑強さを誇る時代だ。対して病気は望ましくないものと考えられている。人間であれば病むのは当然で、体はつねに変化し完全にコントロールはできないにもかかわらず。

◆**上座部仏教**《じょうざぶ》（Theravāda Buddhism ／テーラワーダ仏教／南伝仏教）
スリランカやミャンマー、タイなどの南アジア・東南アジアに根づく仏教。上座説仏教とも。初期仏教の伝統に基づく瞑想法とパーリ語による三蔵を伝承し、信仰対象である「仏・法・僧」の三宝を保っている。

テレビで風邪薬のコマーシャルを見ると、すべてがことごとく、さっさと回復して仕事に戻ることを強調する。症状をもっとも巧みに隠蔽する薬が、買うべき製品として提示されている。回復を望むのは当たり前のことだ。しかしそうした広告を見ると、あたかも人生でもっとも重要なのは生産的な仕事であるかのように思わされる。古代には、ほかにも重要な何かがあるという智慧が存在した。

有名なヴィパッサナー瞑想の指導者Ｓ・Ｎ・ゴエンカ◆氏は、そのひとりだ。彼はミャンマーのビジネスマンとして、大きな成功を収めていた。唯一の問題はひどい片頭痛持ちだったこと、おそらくストレスが原因だった。

彼はアジア、ヨーロッパ、アメリカと、あらゆるところの医師を訪ねまわったが、唯一効いたのは医療用モルヒネだけであった。しかし服用を続ければ依存症に陥ることを警告されてもいた。そこで彼は他の手段を求めた。

彼は、友人からサヤジ・ウ・バ・キン◆師による十日間のヴィパッサナーの合宿を勧められ、それに参加することにした。リトリートでは参加動機を尋ねられた。ゴエンカ氏は、じつは頭痛を何とかしたいのだと率直に伝えた。

しかしウ・バ・キン師は、そういうことなら参加は不可であると断じた。それは瞑想の誤用だ、さらに瞑想で病気は治らないと言うのだ。瞑想は心の解放のためであり、病気など個人的な問題への対処法ではないと。

ゴエンカ氏は自らの小さな目的を脇に置き、大きな目的のためにリトリートに参加することを受け入れた。そして真剣に瞑想に打ち込んだ結果、頭痛が消え去っただけではなく、指導者となり、世界中に瞑想センターを設立するまでになった。自身の実業家の才能を良き目的のために生かしたのだ。

人生では、病気がターニングポイントになることがある。病は物事を深く見つめるチャンスになるのだ。

精神的に成熟した者は肉体も健康なはずだと考える人もいる。病気は個人的な落ち度であり、真実に生きることとの否定だと言うのだ。その真意は、純粋にスピリチュアルに生きれば、病気にかかるはずはないということだ。

鈴木俊隆老師が六十七歳でガンで亡くなったとき、私の教え子のひとりが何気なく「ガンで亡くなるなんて、悟ってなかったのかも」と言った。

◆**S・N・ゴエンカ**（Satya Narayan Goenka, 一九二四〜二〇一三年）
インド系ミャンマー生まれのヴィパッサナー瞑想指導者。ウ・バ・キン師にヴィパッサナー瞑想を学び、師から指導者として認められた後はインドへ移って瞑想を広めた。数多くの人々を指導し、日本を含め世界中に系列の瞑想センターがある。

◆**サヤジ・ウ・バ・キン**（Sayagyi U Ba Khin, 一八九九〜一九七一年）
ミャンマーの在家瞑想指導者。政府の要職に就きながらレディ・サヤドー系のヴィパッサナー瞑想の指導を行い、国際瞑想センターを設立するなどその普及に尽力した。弟子のゴエンカ氏が瞑想指導のメソッドを継承し世界に広めた。

さらに滑稽だったのは、あるとき教え子に歯根管が炎症を起こしかけていることを言ったら、彼女の表情が驚きと落胆に変わったことだ。どうしたのかと聞くと、「瞑想に真剣に打ち込む方にそんなことが起こるなんて」と言う。

ダルマの見方はふつうとは大きく違う。それは、すべてと同じく人の体は無常であり、いつか終わりが来るだけではなく、予測不可能で変化し続けるということだ。

肉体の状態には、ある程度コントロールできるものとできないものとがあり、それを知るのも智慧の働きだ。体を大事にする必要はあるが、常識的または法的には別としても、深い意味では私たちの所有物ではない。

それをさらに深く、わかりやすく説いたのが、大勢の西洋の弟子に影響を与えた高名な指導者アチャン・チャー（五七ページ）であった。

「すべての条件はその道を自ずからたどる。笑おうが泣こうが、なるようになっていくのだ。いかなる知識や科学さえも、自然の成り行きには介入できない。歯を診てもらいに歯科医院に行くことはできる。歯医者は歯を治せても、そのあと歯はそれ自体の道をたどる。そして結局、彼もまた同じ歯の問題を抱えている。しまいには、すべてが分解していくのだ」

思い出すのは、哲学者のヒューストン・スミス◆が、かつて修行した日本の禅寺の体験をジャーナリストのビル・モイヤーズ◆に語ったことだ。人生も半ばになってから彼は禅に興味を持ったのだが、日本にやってきたときには他の参禅者より歳をとっていた。

師匠たちから幾分かの計らいがあったとはいえ、参加してみると接心は非常に厳しく、長時間集中して坐禅しなければならなかったので、彼にはとても辛く無慈悲に感じられた。

参禅者は毎晩わずか三時間しか睡眠をとれない。日中は毎日長時間坐るが、それに加えてきつい肉体労働があった。

食事もスパルタ式だ。ほとんどが米だけ、一日に計九百カロリーほどしか摂取できない。それは、中年の大学教授のそれまでの暮らしと比べてはるかに厳しい条件だった。

初心者によくあるように、彼は不満を募らせ、とうとう指導僧に訴えに行った。

「あなたはそれで腹が立ったと」、禅僧は微笑んで言った。スミス氏は「冗談じゃないですよ」と、どれだけ非人間的な目にあったのかくどくどと説明し始めた。

「病気になってしまうと思った？」師に聞かれると、「それは病気にもなりますよ」、彼の不平は止まらなかった。

◆**ヒューストン・スミス**（Huston Smith, 一九一九〜二〇一六年）
アメリカの哲学者・宗教学者。マサチューセッツ工科大学、カリフォルニア大学バークレー校などで教える。現在アメリカで、伝統の叡智を語る「老賢者」のような存在と見られている。
◆**ビル・モイヤーズ**（Bill Moyers, 一九三四年〜）
オクラホマ生まれ。ジョンソン政権の大統領報道官、ニュースのコメンテーターを経て、米国を代表するジャーナリストに。TVドキュメンタリーを中心に活躍し、数々の賞を受賞。ジョーゼフ・キャンベルと『神話の力』を共同執筆する。

「病気とは何かな？　健康とは？」この言葉で会話はぴたりと止んだ。スミス氏は、自分の一言ずつの背後にある二分法思考に気づいたのだ。

病気それ自体が存在しないという意味ではない。医師の診断を受けるとき、病気と健康という区分けは有用である。その分類を自分自身と同一視するから問題なのだ。それが私たちを直接体験と切り離し、いのちとの交わりを断ってしまう。

確かに病気もあり健康もある。しかしそれより重要なのは、今この瞬間、私がどうであるかだ。それが、この瞑想で扱うテーマなのである。

健康を瞑想する

私のスピリチュアルな探求の入り口はヨガだった。そして自然療法に興味を持ち始めたころ、シヴァナンダ・サラスワティを師として学んだ。その志向が真理探究の実践につながっていったのだが、ヴィパッサナーの教師仲間にはほとんど理解されなかった。

私が病気になったときには、たいそうからかわれたものだ。教師のひとりからは、「私は具合が悪くなるとチョコレートやクッキーをたらふく食べるよ。そうすれば満足して、回復も早くなるんだ。悪いわけないだろう？」そんなふうに言われた。

彼にとってそうなら問題はないし、人に暮らし方を指図するつもりはまったくない。私は自分の生き方とマインドフルネスの活かし方を学ぶことが望みなのだ。

こと健康となると、人は極端に走りがちだ。ブッダはある時期苦行に励んだが、彼ら苦行者は、肉体を障害と言わずともほとんど価値のない物質とみなし、肉体を切り捨てるかのようにふるまい、栄養もほとんど与えなかった。仏教譚によればブッダは、一日に飯粒ひとつで生き延びたという。だが知られるように、ブッダは最後にそれが正しい修行法ではないと知り、中道を選んだ。シヴァナンダ師も同じく、インドのヒンドゥ出家者の伝統にならい、肉体の健康をおろそかにする苦行を体験した。一般人であれ宗教家であれ、健康に配慮しない者は極端な行動に走る傾向があるようだ。

彼らは思い描く崇高なる目的のために体をなおざりにする。無視された体はときには反逆し、敵のようにふるまうこともあるのだ。

それとは逆に、健康への執着もまた陥りがちな罠である。経典の中でブッダは「体において体を」という言葉を使っている。それは体に起こる一瞬ごとの感覚、変化し続ける感覚という体験をさす。それでも健康オタクは、それ自体が瞑想の障害になるとは知らずに、自らのボディイメージに執着することがある。彼らは痩せて、若く、健康的で、生き生きとした外見にこだわる。そうした健康への意識が形を変えて、虚栄心や欲になるのだ。

健康雑誌には、楽観的な軍隊を思わせるかのような表現がときおり見られる。「老いと戦うべし」「病気に打ち勝て」と。老いや病気は征服すべき相手ではないのだが。

最近私が「レオタードヨガ」と呼ぶ類《たぐい》のヨガもある。そこでは、見映えのする腹筋、しっかりした太腿、格好のいいお尻に仕上げるためにプラクティスする。

私が実践するハタヨガは、太古からの由緒ある精神的伝統だ。導師たちは、最近のような浅薄な意識でヨガが使われていることを知ったら驚愕することだろう。

健康オタクの多くは、瞑想などの精神的修行を、それより大切な何かを補う付け足し程度に見ている。彼らは自らの精神生活が順調であるのを確認するため、毎日数分だけ瞑想する。

それほど極端ではないにしろ、数年前私も健康へのこだわりが強くなったことがあった。確かにそれは広大な領域であり、探求すればするほど深くのめり込んでいく。私は熱中し過ぎる苦しみに気づくようになった。健康への関心がバランスを崩さないようになってきたのはようやくこの数年のことだ。

健康と身心の統合の全体にかかわる上で大切なのは、そこに智慧の働きを見ることだ。為すことすべては智慧から始まり、智慧に帰って行くのだから。

チベット仏教の著名な導師チョギャム・トゥルンパ◆は、この真実を気づかせてくれた人のひとりだ。彼がアメリカに来たときから私は知っていた。師はそれから瞑想センターを設立し、彼を世に知らしめた本を何冊も出版した。

私が大学で教えていたころ、お願いして授業で何回か講義してもらったことがある。その後学内を歩いているとき、昼を食べないかと誘われた。私は今断食をしているのでと答えた。ヨガを通して興味を持ち、何日か続けてその確かな効果を実感していたところだった。

興味を惹かれた様子で理由を聞かれたので、私は説明した。だが話し終わらぬうちに、いきなり背中をどやしつけられた。「なんだ君は、永久に生きようとでもいうのか？」

言われる通りだった。お前は我を忘れているぞと、誰かに指摘されるのを私は待っていたのだ。

死という事実を前にしたとき、健康への気遣いがかえって苦しみを増したことを憶えている。それまでの取り組みのすべて、見事に鍛え上げた機能美あふれる肉体が結局は無に帰すことを思うと、私は嘆いても嘆き切れなかった。どう見ても理屈に合わない。しかしそれは、ほかの執着と何ら変わらぬ、健康への執着に過ぎなかった。

ブッダの「五つの観察」(二六ページ)のうち、四番目の言葉を見れば、肉体も結局手放すことになる対象とわかる。私がすべきことは、今この体に対して死ぬこと、体の無常を見つめ、自分の思うようにはならないことを悟り、今できる限りの努力をすることだ。智慧がそこにある限り、道を踏み外すことはない。

健康をめぐっては様々な問いが浮かぶだろう。それはマインドフルネス実践の格好の機会だ。菜食、

◆チョギャム・トゥルンパ（Chögyam Trungpa, 一九三九〜一九八七年）
チベット仏教の元僧侶、学者。中国のチベット侵攻により一九五九年にインドへ亡命。英国で仏教の普及活動をしていたが、交通事故を契機に世俗へ転じ、結婚もした。その後はアメリカで活動し、ヴァジュラダーツ（現シャンバラ・インターナショナル）、ナローパ・インスティテュート（現ナローパ大学）等を設立。西洋へのチベット仏教の普及に大きく貢献した。著書が多数ある。

果物食、マクロビオティック食餌法など、食には様々な健康の処方がある。私にも自分なりの指針があるが、一定の個人だけに当てはまる探求や嗜好は本書の主題ではない。

どれだけの量、どんな種類の食物をとれば、もっとも健やかだと思えるのか？　気分が軽くなり、すっきりとする食物もある。興奮をもたらし、強い刺激になるものもある。ある分量の摂取によって精神エネルギーと明晰さが高まる食物もあり、そうならない食物もある。

健康と心を明晰に保つために必要な運動量は？　適切な睡眠時間は？　人ごとに違うだろうし、一人ひとり毎日の変化もある。様々な試みを通して自分の体感を確認してみることだ。答えは加齢によっても変化しうる。

しかし最終的に、よしこれで健康になった、と落ち着くときは永久に来ない。すべてはつねに変化するからだ。健康は今の自分の状態によって調整すべきものだから。

このテーマを深めるのに最良の環境はリトリート（四五ページ）である。そこでは自分を観察する実験室のような条件が整っている。瞑想に没頭しながら身体に意識を注ぎ、様々な種類の食物、多種の飲物、いろいろな歩き方などが、自分にどう影響するか観察することができる。

とくに食物は非常に興味深い。インサイト・メディテーション・ソサエティでは、ビュッフェスタイルのテーブルの上においしそうな菜食の料理が並び、参加者たちは歩きまわって、自分にちょうど良い量を選んで取り分け、マインドフルに食べることができる。

沈黙という環境の中では、食物にまつわる様々な問題が浮上してくる。それらに対する心の反応がつぶさに見えてくるのだ。自分がふだんから栄養のためだけでなく、ひたすら心の慰めや愉しみのために食べていることに気づいて驚かされる。そこでの洞察は、自宅に戻ってからの食べかたを変えるだろう。

リトリート中には、睡眠でも興味深い体験をする。一日は長く、ある意味辛い毎日だ。早朝五時に始まり夜九時に終わるまでの瞑想。多くの参加者は、定刻が来ると習慣的に夜坐（夜の坐禅）を省略して自室に戻り、一日を終える。

しかしリトリートが進むと、長時間の深い瞑想がエネルギーの消耗どころか、エネルギーを生み出すことに気づく。最初は疼きや痛みに悩まされるかもしれないが、四、五日後にはエネルギーの源とのつながりを感じる人が増える。

私は参加者に、自分の感覚を注意深く観察して、少しでも元気が残っているなら夜坐に戻るように勧めている。

夜遅くまで瞑想することから智慧が現れることもある。または床に就くときに智慧が現れてくるときもある。自らの体験を注意深く観察すれば自然にわかるだろう。瞑想体験を積むことで、正しいふるまいを見分ける力が磨かれる。長く坐ればいいというものではない。自己観察を習慣にし、マインドフルネスによって生き方を示してもらうのだ。

リトリートが終わって帰宅したあとにも、その原理は引き続き当てはまる。

痛みを瞑想する

リトリートは、痛みに取り組むにもふさわしい機会だ。痛みはリトリート中にしばしばやって来て、病気という大きな問題への格好の入り口となる。病気にはドゥッカ・ヴェーダナー（dukkha vedanā／苦受《くじゅ》／不快感）、好ましからざる感覚がつきものだ。病気にかかったときには、不快感への対処を学ばなければならない。

この話題には慎重に入っていくべきだ。リトリートでは長時間蓮華座（結跏趺坐）で坐るが、そこで起こる苦痛を、ときには激痛の中で観察するのは苦行そのものだと感じるかもしれない。しかし瞑想の目的は苦行とはまったく違う。

微動だにするなと要求され、動いたら怒鳴りつけられるような修行もある。参加者が皆の前で、絶対動かないと誓わされたりすることもある。夕刻から夜明けまで坐り通し、眠らずに一週間瞑想するような極端な挑戦を要する伝統的な行もある。私自身そうした修行をたくさん経験し、それらの確かな効果も知っている。

しかし私がそうした方法で教えることはない。健康に良いとは思えないし、長期的に見てそれより効果的な方法があると思うからだ。しかし、瞑想者にはなるべく体の動きを最小にするよう指示している。始終動いていては集中力は高められない。動くにしても、マインドフルネスを保ちながら動作することだ。

こうした指示があれば、瞑想者は自分のペースで実践し、次第に長時間動かずに坐っていられるようになる。さらに私は、痛みの観察をすること、動かずにいられるなら痛みを直視し、それを現象のひとつとして向き合うよう勧めている。

痛みもある意味で生きることの一部だ。私たちは人生のほとんどを心地よさばかり求めて過ごし、苦痛を避けようとする。そうして自ら苦を作り出しているのだ。生きていればある程度の苦しみは避けられない。とくにさらに大きな問題である病気、老い、死となればなおさらだ。そこで逃げず、しっかりと向かい合えば、より良く対処できるようになる。

インドの偉大なる瞑想の師シャーンティデーヴァ◆のすばらしい教えがある。「親しむことでたやすくならないものはない。ゆえに小さな災厄と親しめば、より大きな厄災を辛抱強く受け入れることができるようになる」

私の最初のヴィパッサナーの指導者アナガーリカ・ムニンドラ◆に死の気づきの瞑想について尋ねた

◆**シャーンティデーヴァ**（Śāntideva／寂天、七世紀後半～八世紀）
インド大乗仏教後期中観派の思想家。菩薩がいかにして修行を進めていくべきか、その過程と段階を概説した著作『学処集成』『入菩提行論』を残した。両著作はインド後期大乗仏教およびチベット仏教に多大な影響を与えた。

◆**アナガーリカ・ムニンドラ**（Anagārika Munindra, 一九一五～二〇〇三年）
瞑想指導者として多くの弟子を育てた他、大菩薩会の主要メンバーとして、仏教聖地ブッダ・ガヤーの大菩提寺を、ヒンドゥー教徒から仏教徒の手へ取り戻すべく活動した。その後、寺院管理委員会の初代委員長に就いた。なお、アナガーリカ（非家）とは、継続的に八戒を守る在家修行者のこと。

とき、シャーンティデーヴァの教えを想起させる答えが返ってきた。私はとりわけ死に臨んだときいかに瞑想するか知りたいと思っていた。いざそのときには、身体的な苦痛がかなり強まるだろうから。

新しく何かをする必要はない。今までやってきた瞑想がいっそう強固なものになれば、いざ死を迎えるときもすべきことは同じ、肉体の痛みを観察し、そこから来る心の反応に気づくことだ。基本はまったく変わらない。ただ瞑想の実践を強化してゆけば、何に直面しようと打ち負かされることはない。死という困難についても同じだ。

パーリ語の経典にも痛みについての教えがある。

アヌルッダ◆尊者がサーヴァッティー◆近くの深い森の中に滞在していたおり、病気になって非常な苦痛に見舞われた。多くの比丘たちがやってきて尋ねた。「教えてください、体に苦痛がありながら心にまったく障《さわ》りのないアヌルッダ尊者の生き方を」。アヌルッダは答えて言った。「友よ、マインドフルネスの四つの基盤に心をしっかり据えていれば、身体的痛みは心に障ることがない」

マインドフルネスの四つの基盤（四念処）はすぐれた教えである。それはすべてのヴィパッサナー瞑想の基盤であり、気づきの方向性を決めるものだ。それにより私たちは俯瞰的で秩序立った道を歩み、実践を続けることができる。

私自身が行う瞑想や指導も、ブッダが説いたアーナーパーナサティ（ānāpāna-sati／出入息念／呼吸による完全な気づき）に書かれた四つの基盤に基づいている。

マインドフルネスの基盤の最初は体であり、体に向けたマインドフルネスの実践を行う。そこには注意の対象として呼吸も含まれる。第二は感覚（感受）で、それは身体に属する。そこでは、受け取った感覚が快、不快、中性のどれであるかに焦点を当てる。三つ目の基盤は心という広大な領域だ。とりわけ、貪り、憎しみ、散漫さなどのキレーサ（煩悩）を中心に取り上げる。四番目は、ヴィパッサナー瞑想の中心である智慧の領域だ。自動的に反応しない明晰な観察によって、あらゆる現象（身体感覚から心の状態まで）がつねに変化し（無常）、すべてがかかわり合っている（無我）ことを知る。

この四つのすべてが痛みの観察に関係する。痛みはもちろん体に生まれる現象だが、心もそこにかかわることが多い。時間をかけてその感覚にとどまれば、最終的にそれがつねに変化する（無常である）ことがわかる。

◆**アヌルッダ**（Anuruddha／阿那律、紀元前五～六世紀頃）
ブッダの従兄弟とされ、十大弟子のひとりに数えられる。不眠の誓いを立てて修行したために失明したが、そのために天眼を得たとされる。

◆**サーヴァッティー**（Sāvatthī／Śrāvastī／シラーヴァスティー／舎衛城）
古代インドのコーサラ国の首都。近隣で重要なブッダの教えが説かれ、祇園精舎の僧院も近くに存在した。

基本的に痛みは第二の基盤に属する。それは身体に生じるヴェーダナー（受）の一種であり、ここでは不快感（ドゥッカ・ヴェーダナー＝苦受）である。それにどう対処すればいいのだろうか？　痛みをケアする方法があるのだろうか？

二本の矢の物語に戻ろう。感覚とそれに対する反応のエピソードだ。痛みはその説明にぴったりの一例になる。ここでその物語の全体を紹介しよう。

ブッダが弟子の比丘◆たちに話しかける（パーリ語で比丘とは、瞑想に一生を捧げる者の総称である）。

> 比丘たちよ、無智な者たちにも、快の感覚（スカ・ヴェーダナー＝楽受）、不快な感覚（ドゥッカ・ヴェーダナー＝苦受）、そして快でも不快でもない感覚（中性で、快でも不快でもない＝不苦不楽受）がある。
>
> 智慧を得た高貴な弟子たちにも、快、不快、どちらにも属さぬ感覚がある。比丘たちよ、では智慧ある高貴な弟子と無智な者の特性や未熟さ、両者の違いは何か？
>
> 比丘たちよ、智慧を欠き、不快な感覚に流される者たちは、悲しみや嘆きに飲み込まれ、我を失うまで叫び、ふさぎ込む。そこには二種の感覚がある。身体的、精神的な感覚だ。
>
> 猟師がいて、人に向かって一本の矢を射るとする。同じ人にもう一本の矢が当たる。この場合、二本の矢を受けた人は身体、精神両面に強い苦痛を感じるはずだ。無智な者はこのように、二種の感覚を身体、精神の両方に引き起こす。

比丘たちよ、智慧ある高貴な弟子たちは、激痛という不快感があっても悲しみや嘆きに飲み込まれず、叫んだりふさぎ込んだりしない。胸を打って泣き、我を失うこともない。身体に感覚を感じるだけで、心は苦しまないのだ。

また猟師が人に向かって一本の矢を射る。二本目を射ても当たらず外れてしまう。この場合、その人が受けた矢による感覚は一本分のみ、苦痛もその分しか感じない。智慧のある高貴な弟子とはこういった者だ。彼らが感じるのは身体的苦痛だけで、精神的には無傷のままなのである。[◇2]

九日間のリトリートの参加者のある一日を描いてみよう。

まる二日が過ぎた。ふつう肉体的苦痛がピークになる時期だ。ランチの直後に坐る瞑想を試みるが、エネルギーが低下する時間帯でもある。連日長時間、背筋を伸ばして坐り続ける無理がたたり、彼は背中に異変を感じ始めていた。午前の終わりころには、そこに引きつるような痛みが起こり始めていた。午後瞑想を再開するとすぐに、またもや背中のこわばりに気づいた。そう気づく前に、すでに心は

◆**比丘**《びく》(Bhikkhu)

出家して仏教修行者の集団「サンガ(僧伽《そうぎゃ》)」の一員となった男性修行者のこと(女性は比丘尼《びくに》)。原義は「乞食する人」であり、仕事や財産を放棄し、食物を托鉢で得る他は基本的に瞑想修行に専念する。パーリ三蔵の一つ『律蔵』に定められた規則「律」を遵守して生活し、違反した場合はその罪の重さによって相応の罰を受ける。最も重い罪は「パーラージカ(波羅夷罪)」で、罰則はサンガからの永久追放。

落ち着きを失っていた。

「また背中か！　昼過ぎにはましになると思っていたのに。午後の坐禅はいつ終わる？　まだ始まったばかりか。これからもっと痛くなるのかな？　これ以上は耐えられないな。あと二回分しのいだとしても、夜の二回はどうなることか？　楽にならなければどうしよう。我慢できないくらいひどくなったら？　部屋を出るはめになったら？　リトリート自体に脱落したら？　そもそも、こんないまいましいリトリートにどうして参加しようなんて思ったんだろう？　瞑想さえ始めなければ」

終わりのない思考。ときに思考はここまで暴走する。これは第二の矢の好例だ。この人は、最初の背中の痛みだけでなく、あっと言う間に瞑想の体験自体を疑うところまで行ってしまった。

瞑想が深まると、痛みによる心の反応を観察できるようになる。それがもっとも興味深い教えの瞬間だ。これよりさらに効果的な方法は、痛み自体に集中することである。

瞑想には、ひとつの対象からほかの対象へと気づきの焦点を移す手法がある。経験すればわかるが、思考が止められなくても、そこから他に焦点を移すことはできる。つまり痛みに集中するのだ。痛みという身体感覚に集中できれば、思考の働きの勢いは劇的に低減する。身体に集中することで、エネルギーが思考に使われなくなるのである。

初めの矢の話に戻ろう。それは避けられない苦痛だ。ある程度の身体的な痛みは生きている限り避けられない。最初は反射的に抵抗し、打ち消し、避けようとしても、それを注意深く見つめてみれば、思ったよりはひどい痛みではないことがわかる。思考が、痛みと自分との同一視が、それをひどい苦しみに変えるのだ。

よく観察すれば、痛みに加えて身体的抵抗が起こっていることに気づくだろう。痛みの周辺の筋肉には、痛みを避けようとする緊張が起こっている。その緊張自体も痛みの一種の表れである。背中や膝のわずかな痛みが全身に及ぶこともある。

付随するこの緊張にもし初期の段階で気づければ、痛みが治まる確率が高い。そうしたらもともとの痛み、つまり第一の矢に戻るのだ。

おおかたの思考が痛みを増長させていることに気づくはずだ。注意が少しの間それるだけで、痛みは強くなる。最初は誰でも気がそれるものだから、自らを責めることはない。瞑想すればするほど、痛みにとどまることができるようになる。痛みへの集中が持続できれば、それが益になることがわかってくる。しっかり向き合えば、痛みもそう悪いものではないのだ。

大切なのは、マインドフルネスで締め出すなど、痛みを減らす試みはしないことだ。痛みを消そうとしても、誰がどうやっても成功しないだろう。心の片隅のそうした願望が、かえって痛みと親しく触れる障害になっている。しかし、その〝親しさ〟にこそ変容の力があるのだ。

この瞑想では、痛みが起こる様子をつぶさに調べていく。ここでは物理的な痛みだが、すべての痛みには多かれ少なかれ共通点がある。それは身体的な要素だ。いかなる先入観も持たず、明晰な気づきの目で痛みをよく調べる。計算もせず、心づもりも持たず、それを乗り越えようともしない。今ここに意識をとどめ、じっくり観察していく。

ある程度長く集中が続くようになると、痛みが生き生きとした活動であることがわかるはずだ。ふつう痛みは、「痛み」という実体として固定的に考えられているが、そうではない。それは悪化するかのように見えて、好転することもある。すっかり消えたかと思うと、ぶり返してしっぺ返しを受けたりする。どちらにしても、固定してはいない。

集中が深くなり微細なレベルまで見えてくると、痛みが深遠な振動であり、エネルギーの束や流れとして感じられるようになる。それもまた、痛みの空《くう》（実体をもたない）の本性を知る方法のひとつだ。すると痛みが消えるだけでなく、当初のように固定したものではなくなる。それは核をもった物質ではなく、変化するプロセスなのだ。

痛みを含むすべてを詳細に調べるためには、マインドフルネスだけではなくサティパンニャ(satipañña／気づきの智慧)、識別を伴ったマインドフルネスが必要である。

痛みに直面するときに必要なのは、正精進（正しい努力）だ。集中を保つには正三昧（正しい集中）が、痛みの本当の深みとその本性を知るには正念（正しい気づき＝マインドフルネス）がいる。そして識別力によって痛みの無常と無我を知るのである。生まれてやがて消えてゆく痛み、それはあなた自身ではない。痛みは痛みでしかないのだ。

痛みに完全に身を浸せば、そこに苦しむ「私」はいない。痛みだけが存在するとき、観察し、働きかけることが可能になる。痛みという現象の全体像を根本的に調べ直し、それを観察し感じることの価値を知るのである。対象の本性を見ることに価値があるのだ。

痛みという現象を観察するときには、いわゆる二種類の時間によって見ることができる。ひとつを心理的な時間と呼ぶ。つまり思考から生まれる時間だ。そこで私たちは、痛みはいつまで続くのか、どれだけ悪化するのか、いつ楽になるのかなどの考えに捕らわれる。この時間は私たちをまる飲みにする。無慈悲にも人生をまるごと奪うのだ。

対して、絶対的とも言える時間がある。そこで意識は今ここの現実とともにある。以前と比べて今はどうかなどと考えることはない。次の瞬間の想像にも心を奪われない。ありのままの現実に生きるだけだ。

そうすれば、時間に飲み込まれず、私たちのほうから時間を取り込めるようになる。時間から自由になり、それが存在しないのと同じになる。別の何かになることからも解放される。

道元◆禅師の「現成公案《げんじょうこうあん》」には、この違いが鮮明な暗喩で描かれている。

薪は灰と化し、薪に戻ることはない。だが灰があとで、薪が先だと思わぬように。こう理解

◆**道元**（一二〇〇～一二五三年）
鎌倉時代の禅僧、日本における曹洞宗の開祖。十四歳で出家、二十三歳のときに中国南宋に渡り四年間修行したのち帰国。その教えは、悟りに達するなどの目的を排して、ただひたすらに坐禅に専心する（只管打坐）もので、日常生活における行為も坐禅と同じように重視した。「現成公案」は『正法眼蔵』の冒頭に収録されている。

しなさい。薪はまさに薪という現れにおいて、完璧に過去と未来を含み、同時に過去からも未来からも断たれている。灰もまさに灰という現れにおいて、完璧に過去と未来を含んでいる。◇3

痛みとつながること、分離せずに受け止める姿勢は、痛みの扱い方としてもっとも適切だと思う。長期のリトリートで経験する痛みも、重篤な病もその点では変わらない。しかし、集中力が十分熟していなければ難しいだろう。

その他にも対処のしかたはある。たとえば、ただ呼吸に集中することだ。痛みをそのまま受け入れるといっても、観察が困難なときもある。

耐えがたい痛みに襲われたとき、または集中の根気が続かなくなったときには、呼吸に気づきを切り替える選択肢がある。痛みをじかに観察できるなら、すぐに観察に戻ることが肝心だ。明晰な観察眼によって初めて、痛みから学ぶことができるからである。

俯瞰的な視点に切り替えるのもひとつの方法だ。背中や膝に痛みがあるとき、呼吸の感覚を含む全身に観察を拡大する。痛みを無視せずに、欠かせない全身の一部として体験するのだ。

こうして全体に注意を広げれば、同時に感覚も広がり、多くの場合痛みが受け入れやすくなるだろう。

私は痛みを一時的にだが意図的に無視することもある。痛みが起こっている箇所から痛みのない箇所に気づきを移動させる。そうして可能なら、少しずつ痛みの中心に気づきを戻していく。

とくに長期のリトリートで、坐りながら耐えがたいほどの痛みを訴える参加者がいたら、私は小さな痛みから取りかかるよう教える。日常は些細な痛みに満ちている。それは頻繁に起こっているゆえに、私たちはほとんど気づかない。意図的にそれらに気づくようにして、痛覚が生まれ消えていくのを観察すれば、日常をていねいに生きられるようになり、強い痛みに集中する力が徐々に養われるだろう。

また、一回の成功体験に胡坐をかいてはいけないことも、しっかりと伝える。

坐っている最中、それまでなかったようなひどい痛みに襲われても、反応せずに観察し、やり過ごせることもある。それでも二、三週間、何か月か経ち、それより軽い痛みに対処できないこともある。

そのときどきで人の活力や集中の度合いは変わるので、瞑想は一筋縄ではいかない。いずれにせよ、痛みに新たな気持ちで向かい合うことには意味がある。

痛みは人生の一部であるという事実を忘れてならない。逃避に多大なエネルギーを消費するのは、まったく空しい試みだ。遅かれ早かれ、痛みは私たちを捕まえるだろう。それに、生きていればそのうち――重い病気や死の間際に――痛みから逃れられず、自らの身心がまったく思うようにならない状態に直面する。

しかし、現実の痛みに穏やかだが決然と向き合い、それとともにいる方法を早くから身に着ければ、様々な困難もしっかり受け止められるようになるだろう。

痛みは苦の感覚の代表である。痛みは複雑な心理状態を作り上げ、大きな苦しみに発展することが多い。感覚自体がその因果の鎖に巻き込むわけではない。平静さをもって気づくなら、ほとんどの不要な苦しみを生み出さずに済むだろう。

病気を瞑想する

私は修行中に、病気にまつわる特別な体験を二回したが、どちらも深い学びだった。もし導師たちの助けがなければ、それほどの学びは叶わなかったろう。それぞれ修行の異なる時期の体験で、私はその両方から特有の学びを得た。

最初の病気は韓国の旅の最中だった。経緯を書いたほうが良いかもしれない。

長年ヨガと気づきの瞑想を実践してきた私は、瞑想に真剣に打ち込もうと思っていた。そこでインド行きの準備が整っていたのだが、ちょうど友人がアメリカにも私を助けてくれそうな導師を見つけたという。彼は韓国人の禅僧で崇山◆といい、ロードアイランド州の州都プロビデンスで指導していた。崇山禅師は極めてカリスマ性の高い禅僧で、見るからに怖れ知らずで謎めいた雰囲気のある人物だった。韓国や日本で教えたあとアメリカへやってきた彼は、初めのころ洗濯機の修理工として働いていた。

しかし間を置かずに弟子たちが集まり、私もそのうちの熱心なひとりになった。崇敬する禅師は、私の最初の仏教指導者となり、それから数年間彼のもとで集中して多くを学ぶことができた。

知っている英単語はわずか数十語ほどだったが、禅師はその限界ある語彙を駆使してずばり真理を伝える目覚ましい力量があり、仏教用語を縦横無尽に使いこなす名手だった。また大胆で堂々とした容貌を備えていた。

経歴を聞くところによると、何か月も洞窟の中で瞑想し、自ら食料を採集していたという。指導する禅は非常に力強く勇猛果敢なスタイルだった。私たちは公案による修行をした。「私は誰か?」を深く省察するものだ。禅師はずばりと、それこそ人生の大事業であると言った。よく彼は「大問題だ!」と口にしていたものだ。「私は誰か?　大問題だ!」と。

私は韓国へ行き、禅師を模範と仰ぎながら一年間住み込みで修行した。私は修行に人生のすべてをかけていた。韓国でほとんど現金を持たない私のことを、最初から在家の人たちが面倒を見てくれ、ケンブリッジ時代の友人のひとりは往復の航空賃まで布施してくれた。

さらに私は難しい事情を背負い込んでいた。お付き合いを始めたばかりの女性がいたのだ。韓国に行けばふたりの仲が危うくなる可能性もあった（結局その通りになったが）。それでも私はチャンスを絶対に逃したくなかった。心は修行への情熱で燃えていたのだ。

韓国に着いたものの、ソウル市の崇山禅師の本山に滞在するとすぐに体調を崩した。朝から米と汁と野菜、野菜の漬物という食事が出されたが、私の胃はそれらを受け付けなかったのだ。着いてから

◆**崇山行願**《スンサンヘンウォン》（一九二七〜二〇〇四年）
現代韓国仏教を代表する禅僧。日本統治時代には地下抵抗運動に参加し投獄も経験したが、戦後の右翼と左翼の対立に失望して出家。七〇年代にアメリカに渡り、ジョン・カバット・ジン博士など多くの瞑想指導者を育てた。一九八三年に観音禅宗会を創設した他、三〇を越える東西の国々に一二〇以上の寺院を設立、韓国の禅仏教を世界に広めた。

とぶり返した。

の数週間は腹くだしばかりで、しばらく回復したと思っても、山間部の僧院のリトリートに参加する

私はひどく落ち込んで、とても心配になった。メキシコでも腹くだしは経験したが、そのときよりはるかに長く治まらなかったのだ。金銭を持たない私は、当地の医療事情も知らず、回復が望めるかわからず途方に暮れた。しかも韓国で修行するために多大な犠牲を払いながら、何もできずにいるのだ。すべてが無駄だったのかもしれない。

そのとき、幸いにも九十六歳の僧慧菴玄門◆禅師にお会いすることができた。禅師は小柄でやせ細った人で、歩くことは叶わず、面談では人に連れられてきた。しかし目には煌めきが宿り、すばらしいユーモアのセンスを備えていた。彼は私の状態をたちどころに察知し、ほんの数語で言い当てた。

彼は私の修行に注ぐ気力を見て言った。「おまえは自分が誰か問いたがっている」、崇山のように力強く響く声だ。

「しかし問うべきは」、今度は弱々しくか細い声で私の感情を代弁するように言った。「私は誰か？」

「よかろう、問うがいい。具合が悪いときには、病人として修行するのだ。回復したならまた、ライオンのように雄々しく問えばいい」

慧菴禅師は、病めるときの修行と平常時の修行について重要な点を突いていた。

道元も典座《てんぞ》に同様の指示を与えている。手元にない材料を気にかけることはない、今あるものを使って調理すべしと。

その時々で与えられた状況に即して修行する。体調についても同じことだ。今より良い状態を望んでも何の益にもならない。比較する心（分別）自体が苦をもたらす。

手持ちの材料を心を込めて調理すること、叶わぬ可能性を詮索してもしかたがない。死の床にあるとき、最後のかすかな呼吸は気づきを向けるにもっともふさわしい。強いエネルギーと変わらず弱いエネルギーにも価値があるのだ。

それからずいぶん経って、病気にまつわる体験がもうひとつあった。私は長く修行を積み、タイの森林派の僧院で教えられたヴィパッサナー瞑想を行っていたので、それはさらに深い経験になった。禅は、大きな問いに全力を注ぎ込むので、小さなことは相手にしない。ヴィパッサナーはまず、小さな感覚に細心の注意を向けることから始める。瞑想が深い洞察を生み出すまで、ヴェーダナー（感受）に集中するのだ。

またもや、環境が重要な要素だった。私はタイに行き、高名な指導者アチャン・マハーブワ◆のもと

◆**慧《ヘ》菴《アム》玄《ヒョン》門《ムン》**（一八八五〜一九八五年）
黄海道に生まれる。一八九七年出家、一九〇〇年得度、一九一一年に具足戒を受けた。一九二九年に修徳寺の満空和尚から伝法戒を受け、以後、満空和尚に仕えながら諸方を歴遊した。一九五六年には修徳寺の祖室（寺院の精神的代表）になり、一九八四年には徳崇叢林の初代方丈に就いた。

◆**アチャン・マハーブワ**（Ajahn Maha Bua, 一九一三〜二〇一一年）
タイ森林派の名僧。二十一歳の時に短期のつもりで出家したが、仏法を学び、悟りを求めてそのまま僧として生きることを決意する。一九五五年、タイ東北部ウドーンターニーにワット・パー・バーン・タートを設立し、外国人を含む修行者を指導した。

で修行した。タイ森林派復興に大きな功績をなしたアチャン・マンの弟子である。それは禅寺の大人数で一緒に行う修行とはだいぶ違ったものだった。

食事や読経のときはホールに集まるものの、瞑想はそれぞれがおもに森の中のクティで行う。クティは竹で作られた小屋で、互いに長い小道で結ばれていた。修行者はクティでひとり瞑想することになる。それはバンコクから一晩電車でかかる小さな村の郊外で、近場の町からはだいぶ離れていた。

忘れてならないのは、私という修行者がブルックリン育ちだということだ。地元の人々が森林派と呼ぶその僧院は、私にとっては「タイのジャングル派」であった。私たちにとって森はピクニックに行くところなのに、そこで出くわすのは一番厄介な大量の蟻、災いの最たるものである豪雨なのだ。

そこは稠密《ちゅうみつ》な熱帯林、蛇をはじめ様々な生き物が這い回り、雨季には修行者に襲いかかるネズミの大群もあった。夜間に僧たちが歩く瞑想をしていると、虎に出くわすことがあるとも耳にした。さすがに虎は見なかったが、ネズミ、虫、蛇、または野生化した鶏などはおなじみだった。

私は万が一の病気予防のため、水の浄化剤や大量の薬を用意していた。それでもほんの二、三日のうちに、韓国での経験がまるで公園の気楽な散歩のようにさえ思える重い病気になったのだ。私は発熱し、ひどい下痢になり吐き戻した。それに不運なことに、食べ物に混じった硬い何かで歯が欠けてしまった。

タイでは、出家者は托鉢に出かけて村で食物を得るのだが、与えられたものをそのまま食べる。ふだんは菜食の私も、鶏肉や魚を口にした。食物は良質なものばかりだったのだが、なぜか私は腹を壊したのだ。

私はひどく落胆した。韓国のあと勢い込んでタイまで来たのに、実際にはほとんど寝た切り、でなければ腹くだしでトイレに駆け込んだり、あわてて外で戻していたのだから。私は本当に心配になった。じつに原始的な場で生活し、おまけに深刻な病気なのだ。

マハーブワ師は、まず私の不安感を突いた。ゆったりして陽気そうで、その顔には微塵も心配の色が見えない。

師は「いいか」と切り出した。「手持ちの薬は使い尽くした。僧院の薬ももうない。あとは成り行きに任せるのだ。死ぬことはないだろう。深刻な状態だとわかったら、可能な限りの医療を手配しよう。初めてタイにやって来た西洋人にはよくあることだよ」

病気で修行を中断するのではなく、病気のまま修行せよと師は言った。赤痢、発熱、病気という言葉は忘れろと言うのだ。病気による感覚は、他の感覚と同じく瞑想に使える。すべきは感覚に集中し、それとともにいることだ。心がさ迷い集中が途切れたときに、困難が生まれる。

◆**アチャン・マン**（Ajahn Mun, 一八七〇～一九四九年）
タイ仏教森林派の祖となった名僧。当時、パーリ聖典に基づかない慣習的な仏教が広まっていた中で、改革派のタンマユット派に入ったが、瞑想実践を重視して教理研究の場を離れた。アチャン・サオとともに数年間遍歴修行した後、自身を導く師を探し求めたが叶わず、長年にわたり洞窟や森林で自力での修行を続け成果を得た。次第に弟子を集め、その中にはタイ仏教を広めていくことになる多くの僧侶たちが含まれる。

そう、これはおまえの病気だ。おまえの感覚だ。おまえの心は自己憐憫で占められている。それでも集中が戻れば、そこには感覚だけがある。それを瞑想せよ、と師は言う。その無常の本性をすみずみまで観察するのだ。不快感とそれに伴う心理状態、すべてそれらは空《くう》だ。変わらぬものは何ひとつない。

私は、ほとんど坐っていられないのですと訴えた。師は姿勢よりも大切なのは注意の質だと言う。坐れるときには坐り、無理なときには横たわって実践する。

「聞きなさい」、アチャン・マハーブワは続ける。「気落ちしているのだろう。帰りたいと思ったりするかね？」。私は、はいと答えた。

「それも良いかもな」「一週間いてアメリカに帰る、そして仲間に報告するのだ。タイの森林寺院で自分は一週間よくやったと。でもそこで何が得られたのだろう？　どちらにせよ、病気は成るようになる。病気を瞑想の糧にするなら、それは心を成長させるだろう」

師が指す心は思考より大きな心のこと（大心）であり、瞑想によって顕れる心のことであった。

マハーブワ師なしに、私の修行は完遂できなかったろう。師は穏やかで屈託のない言葉を使い、どんなときにも病気によって瞑想できるよう励ましてくれた。彼のおかげで私は投げ出さずに、特別な体験ができたと心から思っている。

私は体にまったく力が入らず、ほとんど寝たばかりだったが、心がまさに至福に満たされることも稀ではなかった。ジャングルに駆け込んで戻すときでさえ、その喜びを感じることがあった。

韓国ではあった修行への確信が、タイでは欠けていたと思う。しかしアチャン・マハーブワのおかげでそれを取り戻せた。それはすばらしい体験だったが、師はさらに深い意味があるのだと言った。「死の間際に何が起こるか誰にもわからない。しかし、今学んでいることがきっと役立つだろう」と。

私自身指導していて、病気を瞑想にする教え子にはあまり会ったことがない。長年に渡って真剣に瞑想に打ち込み、多数のリトリートを経験した者でさえそうだ。病気になってしばらくクラスから離れた彼らが戻って、「病気で瞑想ができたか？」と尋ねると、呆気にとられて「いえ」と答える。

彼らはくつろいでテレビを観たり、読み物を楽しんだりしていた。坐ってすることだけが瞑想だと思い込んでいるのだ。疲れ切って坐れなければ、もう瞑想は無理と思う。

しかしマハーブワ師が言う通り、病気は瞑想のまたとない機会だ。それは体の無常を観察するための最高の体験である。

一瞬ごとの身体感覚の観察ができると、それは病気への最良の対処法になる。同時にそうすることが、体の治癒にもつながることを私は確信する。心と体は密接にかかわっており、病気がもたらす影響――老いの始まりや死の予感など――が引き起こすストーリーに飲み込まれると、強い緊張が生まれる。

バイオフィードバック（心身の自己制御）のメカニズムが働き、エネルギーをせき止め、体の自然治癒能力を阻害することもある。ゆえに、病気をマインドフルに瞑想すれば、それが身体的にも癒しをうながすのだ。

瞑想の目覚ましい治癒力を示すミャンマーの実話が、それを雄弁に物語っている。ラングーン（ヤンゴン）にあるマハーシ・サヤドー◆のヴィパッサナー・メディテーション・センターでの出来事だ。それは治療の施設ではなく、徹底的に修行に集中し目覚めるための道場である。その一方で長年に渡って、瞑想の効果による腫瘍を含む病気の目覚ましい治癒の記録を保存していた。

分散するエネルギーを瞑想修行に集中させれば、その効果は言うまでもない。

結果を期待しての瞑想ではない。期待してそうならないこともある。それは本当の瞑想になっていないからだ。ブッダが説くように遅かれ早かれ万人が歳をとり、困難に直面したり病で衰弱し、やがては死ぬ運命にある。その最期のときまでに体験するすべてが瞑想の糧になる。

私の瞑想の師のひとりインドのヴィマラ・タカール◆は、この真実を印象深いストーリーで伝えている。それは死の瞬間まで瞑想を続ける決意をした僧の話だ。

> 私は生涯で、もっとも尊敬する老いた聖者トゥクロジに出会ったことを思い出す。師はガンを患っていた。私は道場に会いに行った。彼はまったくの無学だった。まわりの者と同じように、自身の先が長くないことを知っていた。
>
> 子どものころから聞いていたが、師は早朝三時ごろに起きる。その習慣を死が迫っても変えなかった。彼は落ち着きはらって医師や看護師に言った。「私を坐らせ体をぬぐってくれ。リネンとベッドシーツも替えるように。ランプに火を入れ、線香を用意してくれ。そろそろ瞑想

の準備だ」

亡くなるまでこれを続けた。後日訪ねると、看護師が手を貸し、師を坐らせていた。彼はマハラシュトラ州のパンダーリ村のヴィシュヌ派信仰者で、その一派には体を清めたあと額に白檀の軟膏を塗る習わしがある。それに従って、付添いに持ってくるよう頼んだのだ。

軟膏が来ると彼は付添いに言った。「鏡はあるか？　どうせ死ぬのだから適当に塗っても効き目は変わらぬと思うかね？　鏡も持ってきなさい。息のあるうちは、完璧に生きる。死ぬべきときが来れば、完璧に死ぬであろう。元気に生きている間は、祈りは余すところなく完璧に、声高く謳いあげるのだ」

そのために正面に鏡を据える必要があったのだ。死が迫っているのは十分わかっていた。それが何日何時のことかさえ知っていた。そのときほど症状が切迫していたことはかつてなかっ

◆**マハーシ・サヤドー**（Mahasi Sayadaw, 一九〇四～一九八二年）
ミャンマー上座部仏教の大長老。お腹のふくらみ・へこみの感覚で呼吸を観察し、気づきにラベリングを活用、坐る瞑想と歩く瞑想を組み合わせるなどの方法で、現在「マハーシ式」と呼ばれる瞑想メソッドを確立。世界に広くヴィパッサナー瞑想を伝えた。ラングーン（現ヤンゴン）で開催された第六回結集でも重要な役目を果たした。本文にもあるメディテーション・センターには、現在も世界中から修行者が集まる。

◆**ヴィマラ・タカール**（Vimala Thakar, 一九二一～二〇〇九年）
インドの社会活動家、瞑想指導者。西洋哲学を修めた後、貧しい農民に土地を配分する「ブーダン運動」に参加。クリシュナムルティとの出会いが転機となり、若いころから行っていた瞑想をインドや欧米で指導しはじめた。インド各地に教育センターを設立する社会活動も行った。

た。師は骨ばかりに見えるほどやせ細っており、喀血もあった。

しかし発する言葉からは、高貴なる空気が漂っていた。「息のある限り私は完璧に生きる。鏡をそこに置きなさい」。そうして、額に白檀の軟膏を塗る品格のある所作は、驚嘆すべき光景だった。

私は根底から心を揺さぶられた。師は最期が迫っても、今という瞬間を疎かにしなかったのだ。◇4

第三章◉三つ目の教え

死からは逃れられない

つまり死にていねいに向き合わなければ、いかなる真理の実践も浅薄なものになる。

——ミラレパ

三　私は死ぬ。死からは逃れられない。

数年前、ケンブリッジのインサイト・メディテーション・センター主催でターラ・トゥルク・リンポチェ◆の法話があった。話す前に師は数珠を繰っていたが、それはチベット人が三回打ち鳴らすのに用いている数珠だ。私は真言を唱えているのかもしれないと思った。あとで尋ねてみると、彼は短い言葉を繰り返し呟いていたのだ。「私はいつか死ぬ、私はいつか死ぬ、私はいつか死ぬ」

それを口にすることで、自分が導師であるとか熟達者であるという慢心を決して起こさぬようになるという。いかなる専門性や権威も灰燼《かいじん》に帰すのだ。

これを忘れぬように、私も気づきのきっかけをいろいろ携えている。亡くなった高僧の頭蓋骨、または高僧の骨でこしらえた数珠などだ。それらは、人生最後の慈悲の施しとして禿鷹に遺骸を啄《ついば》ませる「鳥葬」のあとにいただいてきた。

ターラ・トゥルクが唱えるときに手にしていた数珠も、同じ骨でできていた。人間や動物の遺骨で作った数珠は、私たちすべてが死ぬ運命にあることを思い出させるしるしなのだ。

何故わざわざ思い出す必要があるのか、とよく聞かれる。死というだけでも不吉なのに、それをつねに自分に突き付けるのはなぜかと。

パーリ語にアヌサヤ（随眠《ずいめん》）という言葉がある。万人にある潜在的傾向であり、死の恐怖もそのひとつだ。それは意識のどこかに潜み気力を奪う。最初は小さくても明確な怖れに成長し、無視できない影響力を持つようになる。それは人生を陰《かげ》らせる慢性的な不安なのだ。

アヌサヤは、私たちの視覚や聴覚からつねにエネルギーを補給している。知人の死を耳にする、路上で動物の死骸を目にする、友人の重病のうわさを聞いたり、長く離れていた友人との再会で相手の老いを痛感するなどの体験によってだ。

仏教の瞑想のアプローチは、そんな怖れを払拭し、扉や窓を開け放って新鮮な空気を導き入れる。

◆**ターラ・トゥルク・リンポチェ**（Tara Tulku Rinpoche, 一九二五～一九九一年）
チベット仏教ゲルク派の高僧。一九五九年の中国の侵攻によりインドに逃れ、当地に新たに設立されたギュートゥー僧院の院長を長く務めた。西洋によく招かれ、アメリカのアマースト大学にも招聘されている。北米を中心に教えを説いた。

死について小声で話したり、隠したり、否定したりする。そうした生き方を改めなければ、怖れを抑圧するのに多大なエネルギーを使い、くたくたになってしまうだろう。結局それは良い結果を生まないのだ。

怖れの観察を始めると気づくだろうが、私たちが本当に怖れているのは死ではない。私たちは、死という概念を恐れているのだ。わずかな違いを誇張しているように思うだろうか？　しかしその違いは大きい。

死が迫ったときに体験することは、今の体験とおそらく違わない。他のすべてと同じく、つねに目覚めているよう努めることだ。そのとき体や呼吸にはある種の感覚が生じ、心にはふだんと違う何かが浮上してくるだろう。しかし今から死を詳しく思い描いても、それは実際の死とはほとんど無関係だと思う。

人生の多くの体験もこれと同じだ。想像は現実より酷いものだったり、そうでなくても別ものである。死の気づきの瞑想では、思考を超えた領域に触れる。思考こそが多くの問題の温床だからだ。

死の向こうに何があるのか、誰にもわからない。死は大いなる未知であり、既知の権化である思考には理解できないのだ。死には複雑な仕組みはなく、あるのはただ厳正なる事実だ。わからないからそれを未知と呼ぶのである。

死のことを考えて恐くなるなら、その感情を受け入れよう。私は怖れにじかに触れる。しかし、怖れから次々に湧いてくる思考はほとんど役に立たない。死を見つめるとき、今自分が知っている範囲を超えて何かを手に入れようとはしないことだ。この瞬間にあることだけを見る。死は今ここにしかない。

多くの人たちも同じ道をたどってきた。すべては変わるという無常は、仏教の教えの基盤だ。老いや病は変化の現れであり、それ自体はまったく自然だ。死も完璧に自然な出来事である。

肉体は次第に崩壊してゆく。条件によって短期間で、または長い時間をかけて。最終的にすべては無に帰す。

それが人生につきものであり、いつかは万人が直面する事実だとしても、死の瞑想がいつ誰にとっても功を奏するとは言えないだろう。困難な状況に直面しているとき、新たな喪失に耐えているとき、鬱状態のときなどは、死の気づきの実践にふさわしい時期ではない（死が迫っている友人や親しい人の場合にも配慮が必要だ。真理を見つめる経験があまりなければ、死の床でこの実践をするのは困難だろう）。

ある程度瞑想体験を積んで、一定のサマーディ（集中力）が定まった人になら勧められる。私が教えた瞑想グループでは、サマーディがあまり安定していなくても、「私は死ぬ運命だ」という簡単な言葉によって集中が深まる者もいた。そのテーマ自体が人の心を強く惹きつけるからだ。

扱いきれないような怖れが刺激されるなら、そんな言葉を使う気にはならないだろう。それでも必ずしも瞑想の熟達者である必要はない。

準備が整っていると感じるなら、死の瞑想は非常に効果的だ。瞑想は洞察に活力を与え、怖れを追い出し、覆いを取り去って、怖れに直接触れられるようにする。

その結果見えてくるのは、怖れも変わりゆくものということだ。どれほど辛い感情も寿命はある。それは生まれ、ある程度続き、消えていく。怖れのエネルギーはあっても、それは私ではなく私のものでもない。私自身とは別物だ。

それがわかれば、怖れから大きなパワーが得られる。怖れを中途半端に心の中に隠すこともなくなる。怖れはその寿命をまっとうしたのだ。たとえ戻って来ようとも、それに対処するための新しい自信があなたにはある。怖れを観察し、取り組む方法があることを知ったのだ。

こうして洞察によって、いのちへの感謝が深まってゆく。いかに人生が尊いかがわかる。人生には終わりがあると知り、そのすばらしさに目が開かれるだろう。

私たちは自らの意志で、死の館へと歩み入ったのだ。それまでは「愚者の楽園」に住んでいた。人生が永遠に続く振りをしながら、その豊かさと輝きが目に入らなかったのだ。

いつか死ぬと頭ではわかっている。しかしその事実が骨身に染みるまで、心底納得しなければならない。そうして初めて私たちは生き方を知るのだ。

そのためには、死の現実をゆるぎない心で見抜く力が必要だ。気軽に触れる程度ではない。ダルマの実践（真理の探究）のすべては、その深い洞察に迫る訓練と言える。

伝統的な修行は、帰依と倫理としての受戒が第一歩だ。さらに長い道のりだが、呼吸の観察によって心を鎮め集中を養う。些細な怖れから大きな怖れまで、感情から生まれる感覚を観察する。そうして日常の中でマインドフルネスを育てる。これら一歩一歩のすべてが統合して、死の怖れを見つめる強い心を養うのだ。

じかに観察する力が備わらないうちは、心の抵抗感にとどまるための練習が必要だ。何よりも、怖れを感じることへの嫌悪感をていねいに見る必要がある。

こうした準備がなければ、死を見つめる気持ちも整わない。例外的に生まれつき目覚ましい霊的成熟が備わった人や、人生経験によって成熟を遂げた人も少数ながらいるかもしれない。

しかしほとんどの人には、何かの取り組みが必要だ。一定時間対象に意識を集中し、そこからメッセージを受け取るためにも、ゆるぎない心で対象を見つめる力を養うことが必要なのだ。怖れとの対話は智慧を引き出し、それが解放のパワーになる。

基本的に私たちの意識は散漫だ。夕方のニュースで悲惨な光景を目にすると、わずかな痛みを覚えたり、沈痛な思いに沈んだりする。しかし画面が切り替わるか、自分が違う作業に移ると、その感情は消え失せる。現代社会の特徴として、注意力の持続は短く突発的だ。

この瞑想はそれとは異なる。ここで養うサマーディ（集中）は、不要な要素を締め出すような頑固な集中ではない。サマーディは強靭でしなやかで生き生きとした心から生まれる。私たちはそのとき、やさしさを育てている。

ハートは解きほぐれ、人生のまぎれもない悲しみ、そして真の美しさが目に映る。その片方だけを見ることはできない。瞑想が人生の両面を開いて見せてくれるのだ。

瞑想によってハートがやわらぐと、突然目が開かれて、ひとつの出来事でも心を揺さぶることがある。そして対象の本質を深く見通すことができるようになる。すべての人、自分を取り巻くあらゆるものがとても愛しくなってくる。そして瞑想に励もうとする気持ちも強まるのだ。

狭い意味での「瞑想」ではない。仕事を辞め、家族を置いて出奔し、どこかの洞窟に籠ることとは違う。もっと広い意味で、何をするにも目覚めているという意味だ。

瞑想を生活に欠かせないものとして取り入れる。日常的に瞑想する習慣が身に着けば、特別な状況でも瞑想を持続できるようになる。死の瞬間も含めて。

私は禅師鈴木正三◆からも大きな教えを受けた。彼は禅の修行者であると同時に侍であり、隠遁していた時期もある。彼は実戦を通じて激しく鍛え上げられた。

彼の教えは死の気づきであり、修行を活性化させる「死のエネルギー」という言葉も用いている。困難に出会ったとき、彼は死のエネルギーを用いて体勢を整え直す。それが大きな力となった。

「進んで死を迎える者はブッダになるだろう。成仏とは、安らいだ心で死ぬことだ」。また悲痛なほど正直に、「私も死にたくはないが、修行はいつでも死ねる心を持つため。平気で執行人に首を差し出すことなのだ」とも言っている。

ここで執行人とは死の象徴だ。ときが来れば、潔く死に身をゆだねるという意味である。「これまで様々な訓練をした。自由に死ねない苦しみも知っている。私の手法は臆病者の仏法だ」とも言う。その意味では万人が臆病者だ。だから万人に訓練が必要なのだ。

死に学ぶ深い教えは、もちろん教科書には見つからない。親が亡くなって、自然にやってくることもある。それは伝統的な修行と同じく、真に向かい合ったときにだけ学ぶことができる。その場の体験に心を開けば、死にゆくすべての人があなたの教師となる。

私が父からもらった最後の贈りものは、私もまた死ぬという教えだった。父が従った法則から私も逃れることはできない。かつて父の死など思いもしなかった頃があった。長い間私より大きくて強かった父という存在は、成長期にあった私の手本だった。

それでも父は逝き、帰ってはこない。灰が木に戻ることはない。いつか私も灰になるのだ。

伝統的な瞑想法

父との思い出から、そろそろ話題を伝統的な死の気づきの瞑想へと移していきたい。私はインドの偉大な仏教の賢者アティーシャ◆の教えに習った九相観《くそうかん》（九つの観想）を実践し、また教えてもきた。

◆**鈴木正三**《しょうさん》（一五七九～一六五五年）
江戸時代初期の禅僧。元は徳川家に仕えた旗本で武功も挙げたが四十二才で出家、念仏も取り入れながら自由な教えを確立した。世俗で各自の仕事に務めるのも修行であることや、死に習って生きることを唱え、また仁王不動禅と呼ぶ修行を提唱した。

◆**アティーシャ**（Atīśa, 九八二～一〇五四年）
インドはベンガル出身の仏教僧。十一世紀の大乗及び金剛乗仏教に多大な影響を与えた。一〇四二年に西チベットの王の要請に応じて当地へ移り『菩提道灯論』を著し、さらに重要な仏教論書のチベット語訳にも従事。弟子を教化し、当時チベットで衰退していた仏教の復興に大きく貢献した。

私はそれに、ターラ・トゥルク・リンポチェとアチャン・スワットの指導のもとに修正を加えた。それが今日教える死の瞑想の原型になっている。

●九つの観想

《避けられない死》
（一）すべての人は死ぬ
（二）残りの寿命は減り続けている
（三）修行の長短とは無関係に死はやって来る

《死は予測不可能》
（四）人の寿命は予測できない
（五）人が亡くなる原因は様々だ
（六）人の肉体ははかない

《ダルマの実践、それだけが死の瞬間の支えになる》
（七）財産は助けにならない
（八）愛する人たちも頼れない

（九）この体もあてにはならない

この瞑想（観想）には三つの大きなテーマがある。《避けられない死》《死は予測不可能》《ダルマの実践、それだけが死の瞬間の支えになる》という事実である。それぞれのテーマごとに三種の瞑想を行う。

通常はまず、心が落ち着くまで呼吸だけに集中する呼吸の気づきから始めるのが良いだろう。ある程度心が落ち着いたら、第一の瞑想に取りかかる準備が整う。すなわち「すべての人は死ぬ」だ。

この瞑想には、明らかに集中した意識が必要だ。死以上に目を背けたくなる出来事は人生に見当たらない。死に対する強烈な嫌悪感は自然と生まれてくる。ゆえに注意を注ぐ力が足りなければ、深い観察による瞑想がその本領を発揮し、対象の核心を突くことができないのだ。

しかし、平穏な心には明晰で柔軟な思考が宿る。注意力は細やかになって対象の中心に浸透し、洞察を遮るものもない。するとサマーディの力に助けられ、気持ちが前向きになって、強い好奇心を持つことができる。

その洞察を心の中で様々に検討すれば、そこに豊かな意味が自然に見えてくるだろう。体験にていねいに意識を向けていると、そこから物語が生まれ、洞察の真実があなたに働きかけてくる。

それは思考だけにはとどまらない、存在まるごとの体験だ。アティーシャの九つの観想は如理作為◆

◆**如理作為**《にょりさい》（yonisomanasikāra／ヨーニソーマナシカーラ）
原義は「徹底的に／根本から（yonisas）、集中／思惟すること（manasikāra）」。教えを厳密に分析、検討、反省し、その意味を明確にし、その真理を追体験しようとする心の働き（原義の解釈は修行者の立場による）。

――すなわち注意深い集中（注意）の修練である。シンプルな文章で作られたその九つの瞑想の全体を一つひとつ途切れずに唱えるならば、字面より深い意味が立ち上がってくる。そうしてひとつずつ深く探求するうちに、私たちの心身においてダルマという自然の法則がどのように働いているのかが明かされるだろう。

瞑想の初めには、最初に選んだひとつのテーマに意識を集中させる。次にざっと他の八項目に目を通して確認する。一日にひとつを取り上げても、共通のテーマでまとまった三つを実践してもいい。選んだひとつが気に入ったら、同じ瞑想を何日か続けてもいいだろう。

すべての洞察は共通の真理に帰着するのだから、決まったやり方だけにこだわらないほうがいい。内なる智慧に従って、自分にとって最良の方法を見つけるべきだ。

すべては、具体的な瞑想によってより明確になってくるだろう。

避けられない死

（一）すべての人は死ぬ

最初の瞑想は、すべての人や物事には終わりがあるという明確な事実だ。誰ひとりこの絶対的な法則からは逃れられない。

死は誕生に必然的に伴うものだ。生まれると同時に、死は人生に影響し始める。例外はない。経済状態、教育程度、健康状態、名声、または精神的品性や霊的成長の有無さえもまったく関係がない。死にたくなければ、生まれないことだ。

ブッダゴーサ◆が著した『清浄道論《しょうじょうどうろん》』が参考になる。そこには、名声を博した者、徳の高い者、超越的な能力を持つ者、深淵なる智慧を持つ者などと自分を比べてみよと書かれている。

ブッダは滅した。キリストも、ソクラテスも亡くなっている。誰もが知る偉大なアスリート、世界で最強の男性や女性、もっとも速く、目覚ましい身体能力を発揮した人々も残らずだ。

私は同じように、クリシュナムルティを思いながらよく瞑想する。じかに知る人がお勧めだ。私は何年も彼のそばにいて、その途方もない精神力と明晰さ、尽きることのない活力を体験することができた。彼は九十で亡くなる数週間前まで説法をしていた。それでもやはり逝ったのだ。

一般人で、とりわけ元気で活躍している人を思ってもいい。止まらぬほど勢いのある人物が、ひとりくらい思い当たるだろう。その人もまた死からは逃れられない。

ときおり瞑想を思いつくことがある。何年か前の夜のこと、死の気づきをテーマに講演したのだが、自宅に帰ってくつろいでいるときに、その話題が心に蘇ってきた。

◆**ブッダゴーサ**（Buddhaghosa／仏音／覚音、五世紀頃）
南インド出身の仏教僧で、南伝仏教における最大の注釈家。インド各地を遍歴したのちスリランカへ渡った。当地のマハーヴィハーラ（大寺）に保管されていた古代シンハラ語などで書かれた論書を参照して『清浄道論』を著し、それに続いて紀元前成立の三蔵注釈集を再構成してパーリ語のアッタカターを書いた。

私はとりわけ昔の映画を観るのが好きだ。その夜は一九三八年のクラーク・ゲーブルとキャロル・ロンバード共演の映画だった。映画マニアの私は、それにかかわったすべての人、脚本家、監督、プロデューサーについて知っていた。そして突然、関係者のすべてがすでに故人であることに気づいた。映像の中の人物はまさに人生の盛りで生き生きと動いている。非常に逞しく、官能的で魅力たっぷりだ。しかし、誰ひとりこの世にいない。

映画の立案者、それを脚本に仕上げた人、作曲を担当した人、楽団の一人ひとり。たぶん映画館でポップコーンを売っていた人も含めて残らず死んだ。それを悟って私は驚愕した。映画では皆生き生きとしているのに、かかわった人は残らず今はいない。

ブッダは説いている。

老いも若きも、
愚か者も賢者も、
富む者も貧しき者も、
みな死への道をたどっている。
陶芸家の粘土の器は、
大小にかかわらず、
生でも焼かれていても、

やがては砕け散る。
同じくあなたの人生も、
死へと向かっているのだ。◇5

(二) 残りの寿命は減り続けている

死に向かう流れは容赦がない。それは一瞬も止まらない。生まれた瞬間から死は始まる。時計の針のひと刻みごとに死は近づいてくる。

インドの偉大なる賢者アティーシャは、集中を高めるために水の滴《したた》りの音を用いた。選ぶ対象は様々でいい。もっともシンプルで最良と思われるのは呼吸である。人の一生の呼吸の数は限られている。相当にのぼることは間違いないが、いったいどれだけかはわからない。しかしひと呼吸ごとにその数は減り、私たちはひと呼吸ごとに死に近づいていく。

それが呼吸瞑想の真の深みであり、呼吸はそこまで人を連れてゆくのだ。

初めは単純な体の機能を観ているに過ぎないと思うかもしれない。しかし続けるに従って、観察の

◆クラーク・ゲーブルとキャロル・ロンバード共演の映画

ふたりの唯一の共演映画『心の青空（No Man of Her Own）』（一九三二年）のこと。一九三八年と書かれているのは著者の勘違いと思われる。ふたりはこの後結婚したが、キャロルの悲劇的な事故死によって結婚生活は短命に終わった。

対象がとても深遠な現象であることがわかってくる。一回の吸う息は、まぎれもなく人生の一部なのだ。肺に空気を取り込み、体に酸素が巡り、私たちは生きることができる。一回ごとの吐く息は、解放と手放すことになる。そのうち吐いた息が吸われないときがやって来る。それが寿命の終わりだ。

呼吸の観察はこうしてきちんと行うが、次に吸う息が起こるかどうか知らず、期待もしないで吐く。長時間これを行っていると息が非常に深まり、呼気と吸気の間に長い停止が起こることがある。そのとき不安が湧いてくることがある。

しまいに耐え切れなくなり、息ができるのを確認しようと無理に吸い込む。しかし呼吸が再び戻っているかどうか不安になっても、瞑想を続けるうちに、変化する現象を制御せず、呼吸の間を観察することができるようになる。

こうした瞑想には怖れを感じるかもしれない。息ができなくなるという、小さな怖れの背後に控える原初的な怖れが揺り起こされる気がするからだ。そうした瞑想の結果生じる怖れ、脅威、強い不安など、まさにすべてが瞑想の対象になる。

対象から意識をそらさず、呼吸の変化を見つめながら怖れがあることをゆるし、怖れも無常だから取り組んでいけることを知るのである。

怖れは身体的な痛みにとても似ている。それから意識をそらし、逃げたとしても、かえって膨れ上がり手強くなるだろう。しかしその場にとどまれれば、最初考えたより悪くはないとわかる。そうすれば、怖れが消えていくのを見られるのだ。

すると、呼吸も含めて、怖れとのかかわり方がすっかり変化する。無常が理解できれば、心のしがみつきと執着という強力な癖は解けてゆく。

瞑想中にはもちろん、怖れが生まれてくる、強烈な反応の兆しがある、または何も起こらないこともある。または怖れが一瞬起こっても、続かないこともあるだろう。心の動きを様々な角度から観察しても、何の効果もないこともある。それでも大丈夫だ。

何ごとも思いのままにはならないし、感情がいつ収まるのかさえわからないのだから。決して無理強いせず、苦しさを抜けてどこかへ行くことも考えない。ここでは、その瞬間の体験をあるがままに受け止めていくのだ。

いずれにせよ、二番目の瞑想は確実に減ってゆく人生を描いている。たとえば夜の闇の中、あなたが木から落ちたとする。地面に激突するのはわかっている。しかし、それがいつかはわからない。

ダライラマ七世が書いた詩がある。

　いったん生まれたなら、人には一瞬でも立ち止まる自由はない。
　私たちは死神の抱擁に向かって、競技者のように突進する。
　自分が他人と同じく生きていると思おうと、
　人生は死への一本道なのだ。[◇6]

（三）修行の長短とは無関係に死はやって来る

死の瞑想の目的は実践への強いうながし、この言葉はそれを思い出すためだ。この一節は瞑想に真剣な取り組みを要求していると思うが、私の読みは強すぎるかもしれない。どちらにしても、私は瞑想の講師なのだと思う。

死という厳しい現実に直面したとき、仕事を捨て、セックス、ドラッグ、騒々しい音楽などに逃げる者もいるかもしれない。どうなるかはわからない。

それでも、瞑想によって時間の大切さと残された時間の短さを知らされる。これまでどれほどの時間が、眠ったり、食べたり、ぼんやり過ごすことに消費されただろうか。それらが無駄とは言わない。しかし、わずかな貴重な時間をどう過ごしたいのか、自問すべきだろう。

思ったことがあるかもしれない。「人生があと一年しかなければ何をする？」と。無視できない疑問だ。もっと欲しくても、時間が限られていることはごまかせない。それをどう使いたいのか？　自分はこのいのちを何に役立てたいのか？　問わねばならない。

瞑想を教えていると、瞑想の条件が難しいという者に頻繁に出会う。

「資格が取れたら、真剣に瞑想しよう」「小説を書き終えたら……」「最後の取引を終えたら……」「子どもが独り立ちしたあと……」

◆

グンタン・リンポチェがこんな心の傾向を巧みに描写している。

私は二十年間、法（真理の教え）の修行を避けて過ごした。次の二十年間、あとですればいいと思って過ごした。その次の二十年、他のあれこれにかまけて真剣に修行しなかったことを悔やんで過ごした。

　これが私の空しい人生の物語である。


　生き方だけではなく、優先順位を変えることが重要だ。ほとんどの人が、瞑想が難しい環境の中で生活している。私に弁解する人たちは、毎日坐るための時間を割くこと、一日瞑想し続けることや長期間のリトリートを考えているのだ。

　それらも重要で意味あることは否定できない。しかし本当に問いたいのは、「それでもなお瞑想する意志があるか、ためらわず今すぐ、瞑想に打ち込むのか」ということだ。

　人生はすみずみまで瞑想の機会に満ちた最高の道場だ。あなたはそれを生かせるだろうか？　雑音を排した護られた環境で行う伝統的な坐る瞑想（坐禅）は確かに重要だ。しかし、子育てしながら、学校へ行き、勤めに通い、小説を書き、車を運転したり、トイレに行くことなども瞑想にできないだ

◆**グンタン・リンポチェ**（Gungthang Rinpoche）
チベット仏教ゲルク派の転生ラマの名称で、現在は七代目。本文で挙げられているのが何代目かは不明。初代の生没年は一六四八～一七二四年。

ろうか？

瞑想は特別な時間に行うもの、それ以外は無理と思っているなら、大きな間違いだ。何をしていても、瞑想にできないことはない。本当にその気があるかどうかだけが問題なのだ。

瞑想の習慣を日常生活に持ち込めば、ほとんどの場合その恩恵が明らかになる。瞑想への動機が固まり、坐禅の時間がまったく違って感じられる瞬間がくる。坐ることこそが瞑想の基本とわかれば、突然奇跡のように、その時間が確保できるようになるのだ。それは自然に訪れる。

しかし何より真剣に考えるべきは、時間の捻出ではない。自分に瞑想に打ち込む意志があるかどうかだ。あなたの心が決まれば、時間は自ずから与えられる。

瞑想はこの問いに私たちを直面させる。人生の時間をあなたは何に捧げるのか？

死は予測不可能

（四）人の寿命は予測できない

墓地はこの瞑想にうってつけだ。古い墓地ならなおいい。歩きながら墓石に目をやれば、一人ひとりが何歳で亡くなったかがわかる。◆

しかし古い墓地を歩いていると、ともすれば的外れな安堵を覚えることがある。抗生剤や様々なワクチンの発見、近年の薬剤の進歩などで、事態はすっかり好転したと思い込む。平均余命は延びたのだからと。

しかし何歳でも死ぬことに変わりはない。新聞を読んだり、テレビをつけたり、知り合いに話すなかで、あなたは様々な人生に出会うだろう。

この瞑想は、無常の法則をありのままに映す。その法則は、変化は予測できないことを教える。すべての現象はあらかじめ決められたように変化するという説もある。起こりえないとはいえ、そこには少なくともある種のパターンはあるだろう。

実際、人生はときに人の足元をすくいにくる。床が崩れ、屋根が落ちることさえあるだろう。いつそれがやってくるのか、私たちにはまったくわからない。

死だけでなく、生もまた予測不能だ。皆すべてが永遠に続くことを願う。生涯連れ添うパートナー、一生変わらぬ職、安定した家族、持ち家、収入、友人たちのつながり、瞑想する場所。好天ばかり続く毎日。すべての永続のために私たちは何でもしようとする。自分の時間のすべてをかけて保証を得ようとするが、うまくいくためしがない。

永続するものなどないのだ。それより他のために賢い時間の使い方をすべきだ。無常の法則を無いものにしようとするより、それを深く省察し、わが身に反映することだ。その法則とともに真摯に生

◆何歳で亡くなったかがわかる
西洋の墓石には一般的に生年と没年が記されている。

きれば、人生は大きく変わるはずだ。

あるところに広く知られた賢者がいた。その智慧の出所を問われ、こう答えた。

「朝起きたとき、一日の終わりまで自分が生きているかわからない、そのように私は生きている」

質問した者は混乱した。誰も同じ運命にあるのだろうか？「間違いなく」と賢者は答えた。「そのつもりで生きる者はほとんどいないが」

無常の法則は、良い知らせでも悪い知らせでもない。いやそれは知らせでさえなく事実そのもの、この宇宙を統《す》べる厳然たる事実だ。しかし私たちは、そんな事実を無きものとして、または例外扱いにして生きている。無常は重力の法則と同じく、私たちの好悪の感情とは無関係に働く。

ダライラマ七世の言葉を再度引用したい。戦いに赴く人たちについての詩である。

今朝男たちは期待に胸を躍らせた
敵を鎮圧し国土を守る夢を語り合いながら
しかし夜がきて鳥や犬たちが彼らの屍を食《は》む
彼らが今日死ぬなどと誰が想像したろうか？◇7

◆本書は私の講義をまとめたものだが、その講義をしている最中に親しくしていた禅僧が亡くなった。独参中の心臓麻痺だったという。まだ五十代前半である。

また私の共同執筆者の話だが、彼は引っ越しする代わりに自宅の改修をすることに決めた。主な理由は近隣の人たちと親しかったからだ。その家の直しの最中、皆に愛された町内の主《ぬし》とも呼ばれた男性が、脳腫瘍の診断を受け、何か月もしないうちに亡くなった。

誰にも似たようなストーリーがある。今日の死亡記事に目を通してみよう。亡くなった多くが高齢者だ。病気だった人も多い。そのうち自らの死を予期していた人は、どれだけいるだろうか？

誰かが亡くなったと聞くと、自分は例外だと考える。しかし事実、遅かれ早かれ私たちも同じ運命だ。死は多くの場合、予期しないときに突然訪れる。

(五) 人が亡くなる原因は様々だ

何でも修復できる、解決できるはずという考えが、現代社会特有の問題のように思える。

私たちは小児麻痺を撃滅した。天然痘はもはや存在しない。肺結核患者で溢れかえる療養所もない。

そして今人類は、すべての病気を治す野望を持っている。私たちは途方もない時間と労力を注いで、エイズや多様なガンの治癒を試みてきた。もちろんそれらには意味がある。

それでも、治せない病気はないという思い込みは危険だ。私たちは死をも根絶しようとしている。

◆独参《どくさん》
師匠と弟子が一対一で対峙する面談。このときに坐禅などについて師匠に教えを仰ぐことができる。

しかし現実には、ひとつを断てば他のひとつが生じるのだ。衰弱死が亡くなっても、今やエイズがある。ある種のガンには戦いの成果が見えるが、あらゆる高度な医療を尽くしてなお治らないガンもある。緩解後しばらくして再発することもある。

また、世界の広範な領域でいまだに多くの疾病が根絶されていない現実も忘れてはならない。百年前わが国で多くの人を死に至らしめ、のちに根絶された病気で、今もどこかで亡くなる人がいるのだ。マラリアは、世界で最悪の死に至る病であることに変わりはない。

病気だけではない。戦争、飢餓、殺人、自死、交通事故などの事故、ハリケーン、雪崩、洪水、地震、竜巻、水難事故などは絶えない。これは終わりのない道だ。

現存するすべての病気を克服する方法が発見されても、さらに未知の病気が生まれる。地球が受け入れられる人の数には限度があり、地球にもバランス作用があるからだ。そしていつかは地球自体にも終わりがくる。多分に漏れず、すべては始まりと、その中間と、終わりがある無常なのだ。

私たちは様々な原因と条件（因縁）の中で生きなければならない。突然不意打ちを食らい、思わぬ結果に見舞われる。それらから離れて安堵するのは、愚者の楽園への引きこもりだ。私たちはこれまでずっと一時的な退避をしてきた。

龍樹◆は言った。「人間は数え切れぬほどの条件の中で、死をしのいで生きている。生命の力は風の中のろうそくの灯に等しい。そのいのちの灯は、四方から吹く死の風の前にはいともたやすく消え

る」◇8

ここまで洞察が深まると、世の中のすべてが不快で陰惨な彩《いろどり》になり、さらに進むと鬱々として生きる気力さえなくなり、まるごとが無意味に感じ始める。だからここで一息入れ、注意すべきポイントを見ておこう。

こんな考えを一度に目にしたら、陰鬱で不快な気持ちになり、受け入れられないのはもっともだ。人生にはもちろんすばらしいことがたくさんある。無常で不確かではあるが、無意味なわけではない。言い換えれば、それらの現実があればこそ人生はかけがえがなく、あらゆる瞬間がギフトであるとわかる。

この瞑想のポイントは偏りを修正することだ。私たちはほとんどの時間を、厳然たる事実が存在しないかのように過ごしている。死の洞察の目的は目覚めることだ。それによって人は貪りや執着から解放され、永遠の若さと健康という幻想を手放し、ついには人生の喜びとすばらしさに目覚めてゆく。

（六）人の肉体ははかない

◆**龍樹**（Nāgārjuna／ナーガールジュナ、二～三世紀）
初期大乗仏教を確立した仏教僧。南インドのバラモンの家に生まれたが、仏教に転じて北インドに移り、空の思想を基礎づけて中観派の祖となった。以降の大乗仏教はすべての宗派がその影響を受けており、日本では特に「八宗の祖」とも称される。

私の叔父は二十二歳で亡くなった。彼は錆びたナイフで野菜を刻んでいるとき、誤って手を切った。それから二、三日で死んでしまったのだ。

ハーディング大統領の息子は、水ぶくれを放っておいて敗血症で亡くなった。

またこの夏ノースカロライナでのこと、大柄のがっしりとした（身体能力に秀でたスターで上位クラスの首席だった）アメフト選手が、コーチたちの度重なる忠告にもかかわらず、練習中に熱中症を起こした。体温が四十二度近くまで上がり、救急隊員も解熱することができなかった。病院に着くと間もなく彼は亡くなった。

人体の回復力は、あるときには目覚ましいものがある。戦争や天災を生き延びた体験、または病気の高齢者が長期間もちこたえることがあるように、非常な困難を耐え抜いた人たちの話を聞いたことがあるだろう。

しかし一方で、人体は非常に脆弱である。微生物によって死ぬこともある。内臓への衝撃は致命傷にもなりうる。大動脈の亀裂もしかりだ。死はときに一瞬でやってくる。

同じテーマでくくられたこれら三種の瞑想の根は共通している。この瞑想で怖れが刺激されても、人を脅かすのがねらいではない。ここには生きているのが当たり前でないことへの気づきと、注意深く生活する以上の意味がある。ポイントは、誰もが人生をあるパターンに当てはめる傾向があることへの理解だ。

人が望むのは、若さと、永続する成人期、穏やかな老年期、そして平安のうちに人生を閉じる終末期である。

それらはただの想像だ。頭で考えたイメージに過ぎない。死は長い道のりの果てに待っているのではなく、あらゆる瞬間ここにある。いのちは移ろい壊れやすく、運命は予想不能だ。

本書の瞑想の目的は、事実をはっきりと意識し、正面から向き合い、ありのままの現実を自らに見させることだ。ここで紹介する中から、自分に合った瞑想を実践してもらいたいと思う。

ダルマの実践、それだけが死の瞬間の支えになる

（七）財産は助けにならない

最後の瞑想の組み合わせは、瞑想実践者にとって非常に豊かな滋養になる。ここでは前に出てきた「五つの観察」の四番目についてさらに細やかに観察していく。

「私は変化し続け、親しいものや愛するすべてと別れていく」。困難ながら大きな成果が得られる修練だ。

実際に、死の床に就いた自分をありありと思い描いてみる。しばらく坐ってサマーディ（集中）が安定したなら、観想を始める。あなたは自室にいて、目覚めた意識で死の瞬間を待っている。そのとき何を考え、感じるのか想像してみよう。

最初に対象を財産とするのは、手っ取り早い方法だ。自分が金持ちと思っている人はあまりいないだろう（過去の歴史やある国々と比べれば、今の暮らしは想像を絶するほど贅沢だが）。

私たちは様々なものを所有し、なかには大切にしているものもあるだろう。それらを手に入れるために生涯働いてきたのかもしれない。たくさん集めた書籍類。レコードやCDのコレクション。お気に入りの楽器。車、服、持ち家。長いこと求めていたそれらを手に入れるための努力のすべてを思い返してみる。

所有すること自体は問題ではないが、死の瞬間には、何ひとつ慰めにならない。好きな本、お気に入りの楽器、スーツやドレスを手にしてみよう。仏像でもいい。やがてすべてを手放さねばならず、二度と見たり触れたりすることは叶わなくなる。ものを持っていても死は避けられず、楽に死ぬこともない。

それが生と死のリアリティである。ダルマの実践がいささかでも助けになるなら――私はそう信じるが――手の中で塵芥に帰すような所有物を少しでも減らし、少しでも長い時間を瞑想に投ずるより良いことはないと思う。

かつてターラ・トゥルク・リンポチェから、抜け目なく強気なやり手を自認するような人物は、実際にはビジネスの能力に欠けていると言われた。彼らは現実をまったく見ていない。すべての労力を刹那的なことに費やし、結局何も達成しないのだと。

いかほどの名声、非の打ちどころのない評判、教養の蓄積、数々の賞の獲得、勤め上げた職歴があろうとも、何ひとつ私たちが向かう先まで連れては行けない。長いことかけてそれらを手に入れる意味があるのだろうか？

ここで聖書に書かれた裕福な若者の話に触れなければならない。彼はイエスに、永遠のいのちを得るにはどうすればいいか尋ねた。何がこの若者を引きとめているのか見抜いたイエスは言った。「あなたの持ち物をすべて捨てて私についてきなさい」と。若者は悲しみながら立ち去った。彼にはとてもできないことだったからだ。いずれ万人にそのときがくる。いつになるかの違いだけだ。私たちは続かないものに執着している。

クリシュナムルティははっきりと言っている。死があまりに過酷なのは、人生が執着と物の蓄積の連続だからだと。

「どうすれば死ねるか？」「もっとも大事な持ち物のことを考え、それを手放せ。それが死だ」

ほとんど価値のない骨折りを避け
魂が喜ぶ道を歩め
今生の物事は速やかに過ぎ去る
永遠の恵みに値することに力を注げ

――テルトン・トゥルシュク・リンパ

（八）愛する人たちも頼れない

この瞑想が一番難しいと感じる人が多いだろう。集めた書籍、音楽、評判や地位、仲間の間の役割など、すべてにエゴがまとわりついている。そうした物事への思いは、いささか的外れかもしれない。

しかし私たちは、人との関係はそれほど汚れていないと思っている。結婚や恋愛の相手、両親、子どもたち、兄弟姉妹、親友、瞑想の指導者などとの関係だ。少なくとも彼らとの関係の純粋性を疑っていない。

確かにそうかもしれない。しかし死の瞬間には、友人たちでさえ頼れない。彼らはそのとき、そばにいるかもしれない（そのときが来なければわからないが）。慰めてくれるだろうか。それでも最後には別れを告げねばならず、もう二度と会えなくなるのだ。

人はひとりで死なねばならない。シャーンティデーヴァ（七七ページ）の言葉がある。

> 友や知り合いが寄り添っていても、死の床での体験は私ひとりだけが受け取る。私が死神の遣いに捕まる瞬間に、友にできることがあるだろうか？　知り合いは助けてくれるだろうか？

安心な道行きを歩めるかどうかは、瞬間ごとの意識の流れがどれほど純粋かで決まる。しかし

私は全身全霊でその心を育てて来ただろうか？ ◇9

これ以上に死の本性を鮮やかに描いた言葉を私は知らない。死の床に横たわった自分を想像してみる。この世でもっとも愛する人がそばにいる。そしてあなたは、永遠のさようならをその人に告げるのだ。

それが死という現実だ。多くの人にとってもっとも辛い場面である。

死の床で愛する人を頼るのは自然だ。しかし相手との絆がどれほど強くても、最後に待つのはひとりきりの死である。強い執着は苦しみをただ増すばかりだ。別れがいっそう辛くなる。執着と安らぎは共存できない。人がこの世に来るときはひとり、去るときもまたひとりなのだ。

(九) この体もあてにはならない

今しもあなたは帰ろうとしている。一番大切な人に別れを告げた。ついにこの体にも別れを告げねばならない。

生涯を通じて、体はもっとも親しい連れ合いだった。ときにはこの体こそ自分だと思った。時間をかけてていねいに洗い、髪を整え、オイルを塗って櫛けずった。心を尽くして手入れをした。栄養を与え、休ませた。理不尽な態度で扱ったこともある。大切にしたかと思えば、憎むこともあった。

しかし今、苦節をともにしてきた一番の連れ合いが去ってゆく。もう酸素を吸わず、血もめぐらない。気の遠くなる年月を経て、生命力にあふれていた肉体が抜け殻と化し、屍になるのだ。パンチェンラマ一世は見事に描写した。「私たちがじつに長く大事にしたその体に、もっともいて欲しいときに欺かれる」

体の変化は死の瞬間だけにとどまらない。遺骸が埋葬されるかどうかにかかわらず、物質の常として分解が始まる。死という現実に直面させるために、肉体が変化し崩れてゆく過程をつぶさに観察する瞑想が仏教ではよく知られている。

僧の中には実際に墓地へ赴き、変わっていく肉体の姿を観察して、やがて来る運命を瞑想する者もいる。こうして墓地で行う瞑想は多数ある。

瞑想の気づきの対象についてブッダが説いた『大念処経』には、死後の肉体の分解の段階を一つひとつたどる方法が記されている。各段階をイメージすることが、死の瞑想の目的に役立つ。

九つの観想の最初で紹介したように、まず呼吸の気づきによって心を鎮める。続いて言葉とイメージによって、肉体が迎えるそれぞれの段階を観察する。イメージと自分の体を結びつけることが大切だ。もとの経典には、「まことに、心に描いた体と私の体は同じ性質を持つ。それから逃れることはできない。どちらもひとつの法則に従う」とある。私たちの体は、自分ではなく自然に属している。そして自然は例外なく変化している。

深く観察するうちに、肉体の性質を受け入れられるようになる。智慧の目が開き、それ以外のあり方はないことがわかる。怖れや抵抗感に襲われたら、決めつけずに気づきを向け、感情が生まれ消えていくのを見守る。

アチャン・スワットから伝授されたこの瞑想の応用は、私にはとても役に立った。

まず自分の体でイメージしやすい内臓をひとつ選んで、そのイメージを描く。そして肉体の分解に伴う変化を段階的に観察する。最終段階である第九相に至って、すべてが灰と塵に帰したとき、そこからイメージで逆にたどって体をもと通りに再生させる。

それに加えて（ここが肝心だが）、それらすべてに気づいている心に注目する。そして体と心が完全に別であることを知る。その理解によって、墓地の瞑想で心が陰鬱になるのが防げるのだ。

私の両親はどちらも、死んだら火葬して欲しいと言っていた。父が先に亡くなったので、その写真と遺灰を入れた骨壺を毎日私が瞑想する自宅の祭壇に置いた。

私はいつものヴィパッサナー瞑想のほかに、たいていは父の写真を見ながら、骨壺に父の遺灰がそっくり収まっていること、私自身も同じ運命をたどることを心に刻む時間を持つ。そうして瞑想をしていると、自分の体のはかなさを強く感じることがある。

今もこうして書いている傍《かたわ》らの祭壇の骨壺の中には、母親の遺灰が収まっている。私はこの方法で瞑想することで、母からも豊かな恵みを受け取る。その教えは、惜しみなく愛してくれた両親からの最後の贈り物なのだ。

●大念処経による墓地の瞑想◇10

一　死後二、三日を経て、自らの体が青黒く膨れ上がり、腐乱するのを見る。
二　ウジや蠅が這い回るこの体を見る。
三　わずかに肉と血がこびりつき、骨格のみを残すこの体を見る。
四　肉片さえもなく、わずかな血の痕跡と、腱で結ばれる骨格になった体を見る。
五　血の痕跡も消え、腱で結ばれる骨格になった体を見る。
六　散乱する骨の残骸を見る。あちらに足の骨、こちらに手の骨。脛の骨、骨盤、背骨、顎骨、歯や頭蓋骨が一面に散らばる。すべてはただの骨になった。
七　残るのは白々とした骨の破片ばかり。
八　一年後、一塊の朽ちた骨になり果てたわが体を見る。
九　その骨も崩れて塵となる。風に吹かれて散乱し、跡形もなく消え去った。

こうした深淵なる真理について、死の気づきの瞑想ならわかっていると言い切るような人もいる。私はいつか死ぬだろうし、何ひとつ持ってはいけない。そしてこの体は塵に帰ることも承知だと。無常の法則についても、私たちは知っているとも言えるし、知らないとも言える。頭でわかっていても腑に落ちていない。骨身に染みてはいないのだ。

もしわかっていれば、すっかり生き方が変わるに違いない。人生はまるごと変化する。世界もそっくり変わってしまう。

本当に死の怖れに直面したとき——その洞察を繰り返し反芻すれば——人生は軽やかになり、喜びに満たされるようになる。死の気づきで人を気落ちさせるつもりはない。それによって充実して生きる力が育つのだ。

死の現実が理解できた人は、他者への接し方も変わる。

カルロス・カスタネダ◆は、スピリチュアルな人生の秘訣を聞かれ、「今日出会う一人ひとり、目にする一人ひとりが、いつか死ぬことを思いなさい」と答えた。私もそう思う。それがわかっていれば、すべての人との関係性が変化する。

私がケンブリッジで死の気づきの瞑想を教えていたとき、昼食の後、参加者に会場から出て街を歩いてくるように言った。目にする人すべてが死ぬことを知るために。誰もが死という点では兄弟姉妹なのだ。

死の気づきをある程度実践してから行えば、それはとりわけすばらしい体験になる。人との出会いがまったく違ったものになるからだ。

まとめて言えば、人生はすばらしい教師、死もまたすばらしい教師である。死は私たちのまわりど

◆**カルロス・カスタネダ**（Carlos Castaneda，一九二五～一九九八年）
ペルー生まれのアメリカの作家・人類学者。ヤキ・インディアンのドンファンのもとで修行し、そのルポを書いた『ドンファンの教え』シリーズで有名。カウンターカルチャー、スピリチュアリズム、ニューエイジなどに広く影響を与えた。

こにでもある。私たちはふだんから、現代社会の習慣に流されて死を避けている。けれどこの生の現実に心を開けば、人生は大きな贈り物をくれる。生き方を教えてくれるようになる。

そのあとに続くこと

ここから先は少々皮肉が混じるかもしれない。しかしここには、本書でもっとも重要なテーマが含まれていると思う。今まで書いたすべてがここに帰着し、多くの点で瞑想の到達点になっているからだ。しかしまだ実体験はない。私たちは死んだことがないのだから（言うまでもなく）。

人は毎瞬老いていくのだから、教えの実践はいつでもできる。体調を崩すなどの小さな不調も含め、誰でも少なからず病気を体験するはずだ。もちろんこれから先も、病気を瞑想にする機会はつねに与えられるだろう。

しかし死について提示できるのは、これまでのところ洞察やイメージだけだ。実際の死の瞑想は一度きり、死の床でしか行えない。そのとき初めてどういうものかがわかるだろう。

仏教の世界では知られているが、坐禅を組みながら息を引き取る修行者がいる。私は世を去るときそうできたらと思う。しかし何を選ぶかは重要ではない。どのような状況で死んでいくのかはわからないのだ。

病気の衰弱で体力がまったく失われ、頭を上げることもできず、坐ることさえ無理になるかもしれない。元気な盛りにトラックに撥ねられたり、心臓麻痺に襲われる可能性もある。死の床で死にゆくあなたを見守り支える友人たちがいるかもしれないし、ひとりだけで激しい痛みに耐える最期になるかもしれない。

どんな状況でも瞑想にすることはできる。どんな体験も瞑想になりうる。大切なのは、そのことを思い出すかどうかだけだ。

非日常的な状況で瞑想できるかどうかは——とくに最期の瞬間に——それまでいかに瞑想してきたかにかかっている。マインドフルネスが十分に鍛えられ、何に対しても気づきの習慣が身に着いていれば、死に臨んだ困難も瞑想にすることができるだろう。

極端な瞑想に挑戦する修行者もいる。まったく動かず長時間坐る、夜通し眠らずに坐る、ひどい痛みに耐えながら坐るなど。それらの瞑想は、重病や死への備えにはなるだろう。身体的にきつい状態下で瞑想する習慣が身に着けば、どんな困難も受け止められるようになる。

知ってもらいたいのは、死は非日常の出来事と思っても、次の瞬間に訪れるかもしれないということだ。いつでも原理は変わらない。体や心に起こる事実とともにいること、ありのままの自分でいることだ。それは新たな心で臨む瞬間である。今までにない初めての体験として。

瞬間を体験し、実践するのに欠かせないのは、鈴木俊隆老師が〝初心〟と、崇山禅師が〝未知の心〟と言っていた、知らないことを知る、未知の領域に進んでとどまろうとする心である。

そのとき邪魔をするのは、死と死後に対する期待である。あらゆる瞬間に、最後のときをできるだけ期待なしに受け入れることが理想である。

長年ホスピスで働いてきたヴィパッサナーの講師仲間であるロドニー・スミスによると、死にゆく人々に立ち会ってもっとも困難だったケースは、死に対して霊的な体験を求めることだったと言う。霊的体験を否定するわけではない。そうした期待感、あらゆる期待感なしに死を迎えることが望ましいということなのだ。

初心や未知の心とは、決して無智を意味するわけではない。大切なのは、自分が知らないということを知っている、その気づきである。積み上げた知識の上に胡坐《あぐら》をかき、自分が知っていると思ってなんでも信じてしまう心の傾向に、意志をもって立ち向かうことだ。

それは、ダルマの実践の中心にある開かれた心と純粋さとも言える。初心は瞑想の道の終着点であり、始まりでもある。それは生の充実の基盤だ。

様々な鍛錬法にも瞑想との共通点がある。

かつて侍になろうとする者は、精神的な鍛練とともに肉体的に厳しい訓練を経る必要があった。戦《いくさ》に出かけるために、堂々たる体躯に鍛え上げることもその条件に入る。刀剣や武器類に対する技術のあれこれをも身に着けねばならない。心理的ストレスに耐えられるよう心を鍛えるのも準備のうちだ。

そうした訓練をすべて終え、様々な戦法をことごとく身に着け、最高度の戦闘に臨む準備を整えたすえに、彼らは「何ひとつ期待しない」ことを学ぶ。戦に出るときには何も予測せずに行くのだ。相手が格下なら、あらかじめ用意した型通りの戦法が通用するかもしれない。

しかし極めて高度なレベルの戦いでは、心を空しくして研ぎ澄まし、期待も捨てねばならない。そうすれば万事の備えが整う。本当の大物を前にすると、相手がどう出るかはまったく読めない。

仏教ではこの全体的な気づきを、あらゆる執着を捨てて意識を全方向に働かせる、包括的な鋭敏さの感覚として説く。そのとき、ただ気づきだけがある。

路上で通りかかった相手にいきなり戦の極意を知っているか問い、否と答えがあれば「よかろう、それこそ未知の心だ」と戦場に放り込むなら、大きな勘違いだ。未知は長年の武術の習熟に支えられている。未知は高度な智慧の結晶だ。それは静寂な無心が醸し出す生きた智慧なのである。

未知の心に触れるには、まず知っている――少なくともそう思っている心を省みて、その心が物事を学んでゆく過程を理解する方法がある。

私たちはまず家族から、結婚相手や兄弟姉妹から学ぶ。家族の生き方の影響は非常に大きく、独特な世界観がそこで培われる。

家族以外から与えられる知識は、たとえば民族的集団から来る。または特定の経済階級から生まれる知識もある。人が身を置く地域や国からの影響もある。私たちは周囲の人々の様子を見ながら、その場の習慣を知っていく。

本や教室で学ぶ知識もあるし、一般社会の学び、教師とのやりとりで伝えられる知識もある。また何かの修行に没頭することで得られる智慧もある。

もちろん日常の中にも智慧がある。毎日を暮らしながら発見する知識だ。若いころにブルックリンに住んでいた私は、そんな体験をふんだんにした。「大学には行かなかったけれども、人生という学校で学び、皆が読む立派な本からは得られないような学びをしてきた」、そんな人生学校の卒業生に、あなたも会ったことがあるだろう。

しかしこれらすべてを眺め渡しても、そうした知識には大きな制限があることがわかるはずだ。小さかったころ、誰にも子どもの目を通して見た記憶があるだろう。友だちの家へ行き、自分が知らない新しい世界を体験したことを。その友だちが自分と違う民族や社会階層に属しているなら、間違いなく未知の世界だ。その子が外国出身なら、より珍しい体験になるに違いない。

ケンブリッジの夜のクラスには、モルモン教の宣教師が何人か参加していた。彼らをそばで見たことがあるかもしれない。白いシャツ、細身のネクタイに暗色のスーツとかなり目を引くいでたちをしている。

質疑応答の時間になると、彼らは立ち上がり質問をぶつけてきた。神への信仰を表わさず、キリストの優位性も認めていないと、私と仏教に挑戦してきたのだ。仏教などアジアの心理学にすぎず、精神的な深みがまったくないという。

まともに答えても意味がない。彼らは授業を、改宗を主張する機会と見ていたのだから。

そこで私は方向を変え、すべての思い込みや知識の枠組みは、それが普遍的に価値あるものと信じようと、固有の限界の中にあることを考えてもらおうとした。

「いいですか、君たちは自分の信仰する宗教が本物で、私は間違っているという。でも、君たちはユタ州のモルモン教徒の家に生まれ、私はブルックリンのユダヤ教徒の家に生まれた。もしも立場が入れ替わっていたら、ここで今と同じ意見を述べるだろうか？」

しかし驚いたことに、宣教師たちは、彼らが神の計らいで幸運にもユタに生まれたと主張した。それでもほかの生徒たちは、私の意図を理解したようだった。

すべての知識には限界がある。認知の狭さだけが原因ではない。幅広い知識があっても、体験の解釈の違いによって限界が作り出される。

私たちは過去という色眼鏡を通して物事を見ている。思考が体験を先取りするかのように、過去の体験を物差しにして今起こっていることを解釈する。そして思考はすぐに心の奥に引っ込んでしまう。私たちはその思考がどこから来たのか忘れる。だから自分の体験の確かさを信じて疑わない。しかしその確信と実際に起こっていることとは、違うかもしれないのだ。

だから、未知の心こそが新しい自由を開いてくれるのだ。気づきの瞑想をすれば、思考がその隠れ家から抜け出して、体験を解説する様子が見えてくる。自分の思考が観察できるようになれば、思考は思考であり、現実とは無関係だとわかる。

思考が生まれ消えていく様子を、あなたは執着なしに見るだろう。そうして初めて、真の体験がそのまま見えるようになる。知らない心のほうが、より物事を見抜けるのだ。

これが未知の心のすぐれた点である。たとえば、マサチューセッツ州にあなたは住んでいる。しかしロードアイランド州のほうがはるかにすばらしいという評判を聞く。そして当地に行ってみる。最後には、そのうわさを認めるかどうかという選択を迫られるときがくる。マサチューセッツを後にして、ロードアイランドに移るかどうか。

既知と未知の関係もこれと似ている。未知には深い静寂、純粋な心の輝きがある。そこに到達するには、既知の世界を離れなければならない。こちら側を離れなければあちら側に身を置くことはできない。未知への怖れは、おおよそ慣れた世界を手放すことへの逡巡から起こる。私たちは既知によって自分のイメージを組み立てているからだ。なじんだ世界のほうが、たとえ生きづらくても安心なのだ。

それぞれの文化や宗教から、人は死についての教えを受ける（たとえば無に帰り消滅することを自分の考えと信じ込む）。私はそんな信念を打ち消し、他の考えを押しつけようとは思っていない。仏教には死の教えの解説書がたくさんあり、本を読めば知識は得られる。

しかしそれでさえ一種の信念に変わりはなく、もうひとつの既知なのだ。人が死ぬときの最後の体験について、真の知識体系が存在するかは知らない。死の領域に踏み込むとき、私たちはすべての知識を捨てることになる。知識だけでなくすべてを。

そのとき私たちは仏教徒でも、キリスト教徒でも、ユダヤ教徒でもなく、家族も、民族も、国も関係がない。名前さえも持たない。そのときには、何ひとつなくなる。

さらに知るべきは、どんな教えを信じていても、死には深い神秘と心を揺さぶるものがあるということだ。

最近私は両親をふたりとも亡くした。死に向かって両親がたどる変化のすべてを私は見ていた。それでも、親が亡くなり、すでに居ないという現実を受け入れられるかどうかは別問題だ。

この世を訪れる誕生の瞬間も、同じくすばらしい神秘である。生死を超えてゆく道はあり、その解放を修行はめざす。人生とは驚くべき体験で、その人生を手に入れることはすばらしい。それを否定する気はみじんもない。解放とは、いのちの否定を求めるものではないのだ。

道元禅師がすばらしい言葉を残している。「日常こそ尊いもの。この日常を支える体もまた尊い体。いのちを無駄にするな。体を疎かにすべきではない。体を尊重し、いのちに感謝しなさい」

死の話題になると、決まったように死後はどうなるのか？という質問が出る。がっかりさせるつもりはないが、私はこう考える。

教え子たちからも、しばしば死んだらどうなるのかと聞かれる。この問いを考えただけでも感じる不安を解消するため、何らかの確信や信念が欲しいのだ。

仏教の教えなら、私が伝えることはできる。たとえば『チベット死者の書』は、死後の経緯を詳述しているが、それを紹介する。しかし私自身がそれを実体験したと言うことはできない。こうであるという保証もできない。まだ死んだことがないのだから。

私が仏教に魅力を感じるのは、仏教は少なくともそれまで知ったような信念体系とは違うからだ。それは実践である。教えは存在するものの、ブッダはつねに言葉を鵜呑みにするな、本当かどうか自ら確かめろと言った。

ブッダは死をめぐる多くの教えを残している。専門家の中には、それらが他者の創作だと考える者もいるが、私はブッダ自身が死について多く語っていたことを示す最高の資料だと思っている。

彼は様々な領域にわたって教えを説いた。私は瞑想を通してそれらの真実性を実感し、信じるに足ると思っている。私は違った考え方にも触れてきたが、ブッダの教えの真実を本当に「知っている」かどうかはわからない。知ることと信じることの間には、大きな違いがある。

死後のいのちについての信仰は枚挙にいとまがない。仏教、ヒンドゥー教、イスラム教、キリスト教、ユダヤ教、アメリカ先住民の宗教以外にも、あまり知られていない多くの宗教が存在し、それぞれに信念体系がある。そしてどれもが、深遠なる神秘についてある人物が解き明かしたと主張する。これらすべてには共通点と相違点がある。マルクス主義者など、死後の生命は存在しないと信仰者以上の確信をもって主張する人たちもいる。

しかし信念は、その定義からしてもはっきり証明できるものではない。かたくなな信仰は争いごとに発展し、それが戦争に至ることもある。信念は未知の領域にあり、先にも言ったように、既知によっては未知を知ることはできない。

人は未知を怖れ、安心したいがために信念体系を創り上げる。怖れが強いほど、人は信念に強くしがみつく。しかし執着する限り怖れはなくならず、私たちは与えられた可能性を十分発揮しないで終わってしまうだろう。

私自身には転生への確信があり、そこから受ける安心を選ぶ。そのうえで、怖れが起こるなら真正面から取り組み、怖れが生まれてそのいのちを終えるまで寄り添おうと思う。

死後何が起こるか、何らかの確かな予感がないわけではない。いや、それはあると思っている。それも保証はできない。私は自分が経験した以上を装うつもりもないのだ。

転生について、いのちを海、人を波にたとえるイメージがよく使われる。それぞれの波は生まれ、盛り上がり、頂点に達すると、砕け散る。波が消えても、それが海の姿を変えたものであることに変わりはない。それもいのちの一部だ。

私も深い瞑想中に、よく言われるようないのちの波の下にある深遠な分離のない静寂に触れたことがある。他の修行者と同じく、瞑想で過去世の映像を見たこともある（ブッダも成道《じょうどう》の夜に数々の過去世を見たと言われる）。しかしそれが本当に過去世だったのか確信はない。たんなる映像だったのかもしれない。

そんな神秘を垣間見たときにも、私は「未知の心」を忘れずにいようと思う。しかし一方で、それを実際に知っている人の存在も認めたい。私が死の気づきの瞑想を教え始め、この大きな問題にぶつかったとき、確かな師のひとりと出会った。ヴィマラ・タカール師だ。

私は彼女に心の迷いを打ち明けた。「ブッダが説いた教えを伝えようとしても、私の体験では確かめようがないのです。今回はこれまで教えてきたようにはいきません」。即座に答えが帰ってきた。

それは私が知らない部分と、師が知っている点の両側から来た。

人生の道のりを新鮮で生き生きしたものにするのは、学びあってこそ。あらかじめ持っている知識の反復は、人生を腐敗させ腐臭だらけにする。あなたに学ぶための力と情熱があり、自分が理解したことを実行に移す力があることを祝おう。

転生は事実である。創造の海に立つさざ波が誕生と死だ。海の子宮の奥には、さざ波も大きな波もない。瞑想の次元に意識が還ると、誕生と死の行き来から解放される。不死の神秘とともに、誕生と死の真実について私はこのように知った。

かつて私にも、ヴィマラ師が言う体験が一瞬あった。しかしそれは持続できなかった。私が知らない真実を理解する人たちはおそらく存在する。それは確かだ。

しかし私は自らの知識の限界を認め、人に教える言葉が「腐敗し腐臭を放つ」ことにならぬように、理解したブッダの転生の教えを自分なりに振り返ってみたい。

ここで私たちは、「五つの観察」（二六ページ）の最後のふたつの瞑想に踏み込んでいく。

四　私は変化し続け、親しいものや愛するすべてと別れていく。

五　私は自らの行為（カルマ＝業《ごう》）の所有者、行為の継承者、行為の結果であり、行為によってかかわり、行為に依って生きる者。何をするにも、善きにつけ悪しきにつ

け、私はそれらの継承者となる。

次章はこのふたつの瞑想から始めるが、これは本章でも大切なテーマである。「五つの観察」のうち、はじめの四つはどれも辛い運命ばかりかもしれない。人は老い、病気になり、死ぬ。そして大切なすべてを手放さねばならない。

しかしこの五つ目だけは、少々不思議な表現ではあるが望みを感じさせてくれる。これは転生の教えを信仰する文化の中で書かれたものだ。

ここではカルマの法則に触れ、誰もが最終的に自らの行為の継承者になると言っている。カルマの法則から多くの人が転生の教えを知るようになったのだ。

ここでヒンドゥー教の教えである「生まれ変わり」と、仏教の「(輪廻)転生」の違いを確認しておきたい。おおよその説明だが、生まれ変わりとは、人には永遠の魂があり、魂が肉体から肉体へと移りながら幾世にもわたって浄化を繰り返し、最終的な完成に到達し神と一体になることだ。

転生はそれと少々異なる。ブッダが説いたのは、私たちには永続する要素はなく、すべては変化していくということだ。死に臨んでもその過程は続いていく。(墓地の瞑想で詳述したが)肉体は腐敗して形を変え、心も変化を続けながら継続していく。そして条件が整えば、再び新たな体を得る。

すべては条件がそろうかどうかで決まる。つまり因縁生起(相互にかかわりながら生起すること)なのである。心の継続もそのひとつで、新たな条件が加わったときに、新たな存在が創られる。

それは、一本のろうそくから他のろうそくに火を移すことにもたとえられる。ここに燃え尽きようとするろうそくがある。最後の炎がわずかに残っている。燃え尽きる瞬間、他のろうそくに火をつければ、その瞬間に炎は赤々と輝き出す。それは前の火と同じか、違うのか？　どちらとも言い切れないだろう。

転生の教えもこれと似ている。ひとつの魂が、個として肉体から肉体へ移行するのではない。ふたつの肉体の間にあるのは、絶え間ない変化のプロセスと継続だけだ。

はるか昔、あなたは子宮の中の胎児だった。それから新生児となり、今や中年の女性かもしれない。そのあなたはかつての赤子と同じか、それとも別だろうか？　どちらかに決めるのは誤りだろう。（しかし赤子はどこへ行ったのか？　ここにいないが死んだのでもない）

これが転生だ。心は継続し、再び条件がそろえば新たな肉体に宿る。

教え子に聞かれることがある。「私は魂を信じていますが、仏教では魂の存在を信じてもいいのでしょうか？」それは考え方によるだろう。

深いレベルを見れば、そこには精神の集合体がある。それには独特な質（真如）がある。たとえば私なら「ラリー・ローゼンバーグ性」のようなものだ。しかしそれは固定した存在ではない。あらゆるものと同じく変化し続ける。

ここに魂の類が存在するかどうかと聞かれれば、仏教からの答えは、それは流れ続けるプロセスが相互に関連したものとなるだろう。魂が不変で永続する存在かと問われれば、答えはノーである。

この転生の教えは完璧に理にかなっていると思う。仏教の教えの全体とも符合するし、私の経験からもそれが真実だとわかる。しかし転生の教えを心底理解しているかと言えば、わかってはいない。信じるに値するとは思っているが。

この五番目の瞑想が示すように、心の継続を創るのは自らの行為（カルマ）である。つまりそれがカルマの法則だ。すべての行為には結果が伴う。現在の体験は、過去の行為や思考と密接に結びついており、今の思考や行為は未来に結果として生じる。

それでも私には、カルマの法則が今生から来世にどのように影響しているのか正確にはわからない。でもこの人生では、その通りであるという確信がある。今この瞬間どう考えどう行動するかが非常に重要で、それが広くまわりに影響を及ぼす。

だからこそ私は、転生の教えを詮索することに時間を費やさないようにしている。誤った行為が来世の苦しみにつながるか、つながらないかはわからない。しかし今生では、その行為の最中、または直後に苦しみに転じる。さらにやさしく寛容な行為は、この人生において自分と人の益になる。

だから私には、良き来世のためという意識はない。動機なら今すでに十分あるからだ。害をもたらす行為を避け、善き行いを増やす影響が来世に及ぶなら、それは思いがけない贈りものだ。良いことばかりで、何もマイナスにはならない。

良き転生が待つかどうかに関係なく、私が歩む目覚めの道は正しい道だと思う。

仏教の教えは転生を綿密に描いている。たとえば、死の瞬間の意識状態は次の転生に密接に影響するという。最善の心とは平静で目覚めている心だ。それは本当だろう。そうでなくとも、私は死の瞬間には目覚めた意識でいたい。それこそが最良の精神状態だと経験からもわかっているからだ。

それでもさらに踏み込んで、万が一仏教がまったくの偽ものと証明されたとする。ブッダは架空の存在で、その教えは彼が生きたとされる何年も後に捏造され、悟りなどというものもなく、そして転生もないとする。

それでも私は今のような生き方をするだろう。目覚めて生きるより良いことがあろうか？　散漫で定まらない心で生きるのか？　思考や行動をていねいに観ることもなしに？　嘘をつき、ごまかし、盗み、飽くことなき幸福への渇望にすがるのがいいのだろうか？

私が今のように生きるのは、教義に従うというより、これが私自身の最上の生き方と知ったからだ。好ましき来世を迎えるのもいいだろうが、生と死のどちらも超えていくほうがいい。この瞑想の真の目的は、将来あるかないかの良き転生に近づくことではなく、今ここで解放されることだ。私がこれだと思う転生とは、新しい自分を創造しながら一瞬ごとに生じるものだ。本当の自由とは、その転生のプロセスを目撃しながら、執着せずに転生からも自由になることだ。

そろそろ話題を解放のためのプロセスに転じよう。ブッダが出会った最後の遣いである遊行僧の話に。これまでの時間は誕生と死の話題に割いてきた。そこからどうすれば自由になれるか、それが次章のテーマになる。

第四章◉四つ目の教え

行為の継承者

心の本性を真に悟ったとき、人は初めて怖れなしに深く安心して死ぬことができる。混沌にまみれた死への歩みにおいて、長年のたゆみない修行によって深まったその悟りだけが、心を不動に保つ。

――ソギャル・リンポチェ

今死ぬべし

まだ若かった王子ブッダは、老い、病、死の現実を知ったあと、四人目の遣いである遊行の黙想者に出会った。彼には家がなく、家族もいなかった。特定の相手を定めず万人に愛情をもって接するので、誰かだけを特別扱いしなかった。

王子がたずねると、彼は具体的に、生まれて死ぬことを恐れるあまりそんな生き方をすることになったと答えた。彼は破壊されることがない祝福に満ちた人生を求めていた。王子はその遊行者に出会って、同様の道を歩むことを望んでいる自分に気づいた。

彼は黙想の修行を選択し、究極の問題である死に向き合っていた。四つ目の観察の言葉「私は変化し続け、親しいものや愛するすべてと別れていく」の通りに。

黙想者はやがて来る別離の時期を早めたのだ。彼は、人が執着するほとんどの持ち物を捨て去っていた。

上座部仏教の僧侶（比丘）は、現代でも同様の暮らし方をしている。最終的に何もかも捨てねばならぬことを知って、ほとんどの持ち物をその場で手放す。家や家族から離れ、法衣と托鉢の器だけを携えて、世俗の人々の温情にすがって生きるのだ。食事は一日に一回のみ、金銭には触れず、禁欲を守る。

私自身はそうしなかったが、出家の生き方には深い敬意を抱いている。それは解放の可能性を最高に高めるための、実証済みの生き方なのだ。ブッダが会った四人目の遣いは相応の自由を手に入れ、完璧な心の解放に向かうにふさわしい生活を送っていた。

しかし、僧侶や遊行者になればすぐ自由になれるわけではない。ブッダは遊行者になったから自由を見出したのではなかった。そこに至るまで六年を費やして、ある意味誤った修行から始めた。だから、出家するだけでは足りないのだ。

法衣や鉢への執着があるかもしれない。僧侶という立場、自らの見解や姿勢に執着し、卓越した修行をしていることへの慢心も大いにありうる。

私は韓国で、いくつもの禅寺をめぐりながら修行していた。私はソウルの人が仕立てた美しい法衣を持っていた。帰国しようというとき、ある僧が来て法衣を交換しないかと言われた。彼はためらいがちに、そう申し出てきた。在家には大して意味がないと思われたのか、私の物を切望されたのだ。

タイで出会ったカナダ人の僧侶から、自分が僧であるという考えに執着することがよくあると聞いた。それだけで頭がいっぱいになることもあるそうだ。

それとは対照的なのが、クリシュナムルティのエピソードだ。彼は高価な服をまとい、ベンツを運転することで知られた。しかしどんな国に行っても、その場に自分を合わせた。

インドで彼は西洋とは違った服を着る。身に着けているものを誉められると、相手にあげようかと提案し、ときにはその言葉通りにした。美しい物品を所有し、愛でたが、彼には執着もなかったようだ。

出家した人間はほとんど物を持たず、人や物品への執着を手放して自由になろうとする。しかしブッダは、自分の教えは万人のもので、私たちのような在家者が出家と同じ目的に至るには、また違ったアプローチがあることを明確にした。

私たちの多くは家族を持ち、性的関係を結び、収入を得るための仕事を求め、毎日一回以上の食事をする。これらすべてを通してより良く生きるために瞑想はある。瞑想をすれば日常に調和が訪れるが、逆に生活のあらゆる領域が瞑想の豊かな機会となる。

ブッダは、私たちが苦しむのは変化し続ける（無常の）世界に執着するからだと言う。苦を終わらせるには、しがみつくのをやめること。執着をすっかり手放し、今すぐ物に対して死ぬなら、人はもう死を怖れない。失うものがなくなるからだ。すべてを手放したのだから。

執着を離れた恵みを受けるには、死を待つ必要はない。手放すことは、人間ができる最高の創造行為であり、そのときまったく新しいエネルギーが生まれる。それは自らのエネルギーではなく、保存することもできない。執着を捨てたとき、自然に湧いてくるものだ。それは執着がしおれると開花する何かなのだ。

執着を捨てるなど、思っただけで気が重く感じるかもしれない。そうした考えから悲しみや心もとなさが生まれる。エゴの大事な栄養源が奪われるからだ。しかし放棄すれば、明晰さと聡明さがやって来る。それがこの上ない充足と、安らぎと、喜びの世界を開いてくれる。

それでも言うは易く行うは難しだ。執着の放棄は、一回手放せばそれで終わり、それで完成するわけではない。それは生涯を通じて歩むたゆみなきプロセスだ。しかし、はるか未来の架空のものでもないことは確かだ。私たちは、長年の修行の果てに最終的に悟りにたどり着くと考えがちだ。

解放は死と同じく、長い道の終わりにある目的地ではない。それはこの瞬間、今だけにある。私たちが選べば、今ここに見えるものだ。

前章で私は、カルマ（業《ごう》）が今生から来世まで続くのかはわからないと書いた。けれど人生の中でカルマが作用していることは間違いない。一つひとつの行動には結果が伴う。そのように、人生の一瞬ごとに誕生と死がある。私たちはいつも新しい自分を産み出しているのだ。

誕生と死の世界からの解放は間違いなく存在する。その解放はこの瞬間だけにある。カルマはたんなる信仰の問題ではない。カルマは今という瞬間への扉であり、心にていねいに対応することで、人生全体に対応するきっかけを作るものなのだ。

現実は、現在と過去の意志の結果として行った行為によって作られる。

過去の行為の影響が強烈すぎるときは、今の瞬間に踏みとどまって意識をできる限りはっきり保ち、嵐が過ぎ去るのをやり過ごす以外にないときもある。過去の行為の余波が少なければ、気づきを介入させ、エネルギーをより良い方へと向ける余裕ができるだろう。そこから良きカルマを創り出せる。

その意味では、他の瞑想と比べて五つ目の観察は、より強い希望の光をもたらしてくれる。前半の四つは、人が老い、病み、死に、ついに親しきすべてと別れる運命を教える。それはどうにもならない存在の事実だ。

この五番目には「私は自らの行為（カルマ）の所有者、行為の継承者、行為の結果であり、行為によってかかわり、行為に依って生きる者。何をするにも、善きにつけ悪しきにつけ、私はそれらの継承者となる」とあるが、それは私たちにもコントロール可能な思考と意志をさす。

健康状態がどうであれ、それに判断を加えず、明晰な視線を注いで理解しようとすれば、その瞬間体験は変容する。

カルマの本性は意志であり、行為を方向づけるエネルギーだ。強く条件づけられた貪欲や嫌悪という心の習慣には、抑圧され、狭められ、曇ったカルマである精神状態が伴っている。反応せず、観察することを決意すれば、すぐにも開いて明晰な、広々とした心が訪れるだろう。

一瞬の意志にもカルマが伴っている。カルマがあれば、すぐさま結果が生まれる。老いの兆しへのわずかな抵抗感にも、結果は必ず伴う。一瞬が積み重なることによって不要な苦しみに発展し、思考の反復で緊張が高まり、強固な性格が形作られていく。それが自己憐憫に彩られた「年老いた私」というストーリーになるのだ。

そんな自己像が生まれる前に気づきを働かせ、平静になることができれば、そのような過程をたどらず不要な苦しみを避けることができる。今ここの体験により良く対処し、行く末に自分を抑圧するような未熟な反応が避けられるのだ。

私たちはここで過去の傷を癒し、現在の質を高め、未来をより良くするための種まきができる。

ブッダが説いたカルマを宿命論だと言う人もいるが、それはまったくの誤解だ。人生のどんな体験にも対処はでき、人の観察能力はその対処を可能にする。

肉体が老いて病気になり、衰えても、瞑想で確立された心は最後まで若く、生き生きとして繊細であり、明晰であり続ける。宋淵老師◆は、「修行すれば惨めなカルマがすばらしい真理に転じる」と言った。

これこそ仏教の老師方の教えである「大死」であり、それはいつでも実現できる。クリシュナムルティも「私たちは日々、一瞬ごとに死なねばならない」と発言している。

◆**中川宋淵**《そうえん》（一九〇七〜一九八四年）
臨済宗の禅僧。俳人としても知られた。東大在学中に出家得度。山本玄峰に師事。一九五一年には師の後を継いで静岡県三島市の龍沢寺の住職となる。一九四九年から十三回もアメリカに渡って布教し、イスラエルには禅堂を建立した。

それはエゴの死である。その死が一度起これば、すべての心配は不要になる。あと死ぬのは残った肉体だけだ。

さらに噛み砕いてみよう。私たちは毎瞬、おもに思考から次々と自我を作り出している。ときにそれは人生の大きな変化――すばらしいリトリートを提供した、最高の授業を行った、私は本を出したなどの思いから生まれる。またはもっとささやかな、ウェイトレスに親切な、妻を思いやる、家で頼りになる私などかもしれない。

それ自体に問題はない（良いことばかりとは限らない。失敗したリトリートの提供者、まずい授業をした私など）。それら――リトリートの提供者、授業の講師である私などから自我を創作することが問題なのだ。このようにして私たちは、身の回りにエゴを積み上げている。

私たちは、経験を生み出すささいな出来事の積み重ねから、大きな人格（ペルソナ）を築き上げる。それらはすべて後付けの心の創作だ。私たちは思考によって、じつは存在しない確固たる不変の自我をこしらえているのである。

坐る瞑想では、そうした自我の創作の繰り返しを観察する。そうでなくても、私たちは瞑想がうまくできているか、まずかったかと考える。考えるのは坐っているときに限らない。私たちはいつも考え続けている。気づきの観察を坐布の上から日常の中まで継続するなら、自分が一日中ひっきりなしに考えているのがわかるだろう。

カルマの法則は、こうしたレベルの誕生と死にも働く。良きカルマを創ることは智慧の表れだ。妻にやさしく接する、ウェイトレスに親切にする、教師として人の役に立つことなどはその例である。それらの行為は善き実を結ぶ。体験を通して知ってほしい。

悪しきカルマは破壊的だ。たとえば路上で人に怒鳴る、釣銭を間違えた店員にあたるなど。しかし手柄をものにしたり責任を負う者は存在しないのだから、カルマは創り出さないほうがいい。物事がただ起こるだけなら、そこには執着もない。

私はこれと似たことを自己評価について教え子に言っている。評価は低いより高いほうがいいに違いない。頭の中で、私は最悪の教師、授業も生徒にとって無駄、このリトリートから何も学べないなどと、くどくど考えることはろくな結果にはならない。

しかし、高い自己評価も重荷になりうることはあまり知られていない。それを維持する努力が大変だし、怠りなく見張る必要があるからだ。どこへ行こうとそんな気持ちでいるのはとても骨が折れる。そこまでは不必要だ。

禅の世界に、臨済師の有名な言葉「無位の真人《しんにん》」がある。自分を人よりすぐれていると思わない。また劣っているとも思わない。そして等しいとも思わない。彼は他と比較する気持ちを寄せず、地位のゲームからまったく降りているのである。

無位の真人は大死を成し遂げている。ゆえにその後の死を怖れない。

つまり執着とは物、人、功績などの問題ではないのだ。そこから自我を創作するから問題が生まれる。

私はレクサスという車を持っている。私は会社の代表だ。そして三人の優秀な子の父親だ。それらから自我を創り出し、それを自分だと信じ込む。すると死を考えたとき、すべてを失うことを思って恐怖に震える。じつはもっとも怖れるのは、私という意識の喪失なのだ。

そこで問われるのは、今それを捨てられるか？　毎日、この一瞬に、死に踏み出すことができるかだ。

執着を手放すプロセスや自分の執着への気づきは、歳をとることで自然と生まれてくる。様々な自己像にしがみつきたくても、現実と正面からぶつかることが増えてくる。すると現実をはっきりと見るしかない。自分は多くの条件の組み合わせによって、自我を形成してきた。年齢を重ねると、今も過去においても安定した自分などないとはっきりわかってくる。

簡単であるとは言わない。大切にしていた自己像が壊れて悲嘆にくれたりもするだろう。しかしそれは幻想から解放され、より満たされた意識の次元に踏み込む機会でもあるのだ。

この「自我創作」――執着から自我を創ることをやめるには、簡単ながら非常に慎重な実践が必要だ。創られた自我を否定までしなくてもいい。拒否もまた違った形の執着である。自我が創られていく過程をはっきりと見抜くこと、必要なのはそれだけだ。意識の目覚めがすべてを決める。

深く観察するとき、言葉を超えた理解の中で自我は落ちる。自我は明晰な気づきの光には抵抗できない。しかし次の瞬間にはまた新たな自我が生まれる。だから自我創作をやめるには、つねに目を覚ましている必要がある。そして実践のチャンスは今しかない。

そのとき激変がないとは言えない。自我の大きな塊が、まるごとはがれ落ちることもある。自我には不変の実体がないことを理解し、まったく新しい解放感を得れば、自我の創作は減っていくだろう。

微細なレベルでは高速で生まれ続けているかもしれないが。

さらには、「自我の空（不在）」への執着もありうる。中国の趙州◆禅師と弟子の厳陽《げんよう》の有名な問答がある。

「一物も持たないときには、どうしましょう？」と厳陽が問う。

「手放せ」と趙州。

「一物も持たないのに、何を手放すのですか？」

「なら背負って行け」◇11

はっきり見える執着を捨て、空を実現しても、実現したという思いが少しでもあれば、自我創作が続くこともある。「老いを気にせず、死を怖れることもない」と言うなら、それは本当か、巧妙に隠された妄想か、良く検討すべきだ。

エゴの力は目覚ましい。その頭を切り落としても、別の頭が生えてくる。空さえも空であることを、私たちは見る必要がある。

私自身のささやかな体験だが、ヴィパッサナー瞑想を初めて知ったころ、友人に相当興奮してその

◆趙州従諗《じょうしゅうじゅうしん》（七七八〜八九七年）
中国唐代の禅僧。臨済と並ぶ代表的な禅僧。平易な口語で法を説き、その問答の多くが今日まで公案として受け継がれている。語録として『趙州録』が伝えられている。

体験を話した。しかし熱心に伝えても、何人かからはつれない反応しかなかった。私は傷つき自己弁護的になった。

それでも私は、ついに本物と思う瞑想に出会って、かなりの犠牲を払って打ち込んだ。最近では、人の考えなどほとんど気にせず、修行の道に個人的な事情を絡めないようにしている。本当にヴィパッサナーに打ち込むためには、ヴィパッサナーの瞑想者である自分も手放さねばならない。

私にとって解放とは、自分という思い込みの一つひとつ、自分を守るために築く心理的な封印をすべて解くことだ。解放には怖れが伴う。それは死の怖れと同じである。私たちは、自分が考える自分自身の喪失を怖れている。

それでも、生まれては消えるその怖れを見つめ、変化し続ける現象として観察することができる。洞察による理解の歩みが、自我に固まった心を徐々に解きほぐしてゆく。私たちはそうして、分割計画を通して死の練習をしていることになる。

前に触れたように、思い込みや持ち物なら手放せると考える人は多い。けれど相手が人になると、急に腰が引ける。

たとえば、わが子に執着するのは自然だと人は思う。それは深い愛情の証だと。しかし愛と執着は別ものだ。愛には自我創作や決まって付随する所有意識はない。事実、自我を落としたときこそ初めて本当に愛することができる。

執着は対象にしがみつき、相手を思い通りに変えようと思い、条件をつける。だが真の愛は無条件だ。それはどんな結果も気にしない。大切な人への執着を捨てることは、拒否することとは違う。根本から新たな関係を結び直すことである。

私の考えは、とくに目新しいものではない。大死と定義できるかもしれないが、日々のたゆみないマインドフルネスの実践から自然に生まれる結果である。

それが気づきの実践だ。初めは拍子抜けするくらい簡単に感じ、ある意味長いこと進歩が見られないように思える。

私が瞑想の実践者に二十分後に教えることとは、二十年後に教える内容とさほど変わらないだろう。しかし彼らが長く瞑想を続けるうちに体験は徐々に深まり、しまいに瞑想が人生と同じくらい広大で神秘的であることが実感できるだろう。

すると自らの依存心や執着に気づき始め、最後に自我への依存に到達する。自我の依存に取り組めば、あらゆる依存がそこに見える。自我の概念が死ぬとき、それは死の気づきの瞑想になる。それ以外に死ぬものはない。

今まで自分がどれほど重荷を背負ってきたかがはっきりとわかる。その気づきが意識を浄めてくれる。深遠な教えが紐解かれ、存在感はとてつもなく広がってゆく。心の本性である広大な静寂と比べれば、この世で最高の自己像も太陽の光の下のロウソクほどでしかない。

自分からしがみつきと執着を手放し、心を浄めるほどすばらしい体験はない。それは死の先取りであり、これ以上にない安心だ。真理の実践と、本物の人生への障害に対して死ぬ実践をするのだ。

この瞑想は死の瞑想、真正面から死に取り組む瞑想だ。それはまた生きること、生き方を学ぶ道でもある。もしブッダが、老いや病気や死に直面せず王宮にこもって瞑想を続けていたなら、それは切迫感を欠いたものになっただろう。

死後いのちはあるのか？　知ろうとする気持ちもわかる。しかし肝心なのは、「死ぬ前に生きて」いるのかどうかだ。私たちは今生きているか？　死を意識しながら生きる、そのとき初めて人は本当に存在できる。

知るを生きる

これまで書いた毎日毎瞬に死ぬ解放の瞑想は、「未知の心」と深くかかわっている。私たちは、自分を知っていると思って瞑想を始める。

私の名前は○○だ。私はどこそこで生まれた。これが私の両親だ。今はここに住んでいる。私はこんな性格をしていると。

しかし瞑想を続けていくと、自分と人生に貼りついたストーリーの正体がよく見えてくる。そして最後には、すべてが消え去った状態になる。自分であること（アイデンティティ）は消え、自分が誰かもわからない。そもそも、本当に知らないのだ。

そのとき、頭でわかるような答えはすでに求めていない。その未知こそが本当に知ることだ。私たちの本性は観念ではなく、どんな説明もできない。ただあるがままだ。

達磨◆大師と梁の武帝のよく知られた問答がある。皇帝は仏教を篤く保護し、卓抜した智慧者であると自認していた。しかし達磨師に出会うと、彼が深遠な禅定を極めた人物だとわかった。

武帝は禅の教えについていくつか問うたが、予想した答えはひとつも返ってこない。彼はとうとう腹を立て、「私の目前に立ち、答えている者は誰か?」と言った。達磨はひとこと、「不識（知るか）」と答えた。

無知の告白ではない。人の本性に照らせば、いかなる見方もふさわしくないという意味だ。未知の心の奥深さがわかる。

坐る瞑想でも同様のことが起こっている。初心者には、この瞬間にとどまる体験は新鮮だ。そのとき意識は呼吸にぴったり寄り添っている。心がある程度安定すれば、「対象を選択しない気づき（choiceless awareness）」へと意識を開き、呼吸、身体感覚、心理状態など、すべてをありのままに観察するようになる。

何が現れるかなど気にせず、何であれ好悪を超えて受け止める。あるがままに対象を観察するだけだ。そうしてやって来ては去りゆくすべてを見守る。

◆**菩提達磨《ぼだいだるま》**（Bodhidharma, 五～六世紀）
中国に初めて禅を伝えた南インド出身の僧。中国禅の初祖とされる。六世紀初頭、海を渡りインドから中国へ来るが、迎えた南朝梁の武帝（蕭衍《しょうえん》）は教えを理解できないと考え北魏へ移った。嵩山少林寺で九年間坐禅、後に第二祖と呼ばれる慧可を弟子として受け入れた。語録とされる『二入四行論』がある。

最初は呼吸などの対象を観察する、つまり何かを「している」意識がある。しかしやがてその意識ははがれ落ち、すべてを努力なしに、一つひとつが来ては去るままに観察する気づきの技が生まれる。それでも、意識の焦点は対象にとどまっている。

入る息出てゆく息を感じながら、車が通る音を聞き、片膝のうずきを感じ、怖れや強い不安の波の生起を観察する。すると、すべてが生まれ消えゆく無常に自然に気づけるようになる。

それさえも、本当の意味で無選択の気づきとは言えないかもしれない。観察する意識と観察者がわずかに残っているからだ。微細な自我意識がそこにある。坐って対象を定めない気づきの瞑想をしている「私」がまだいる。

それでも何か月、何年と瞑想を続けるなら、焦点は変化してゆく。自分が意識的に変えるのではなく、その変化は意図的ではない。それは自然に起こるのだ。瞑想者の私が観察をしているという意識は弱まり、その状態が最初は短時間でも次第に長くなっていく。観察者は消え、観察対象も消える。そのとき一切の分離は残っていない。

つまり観察し特定するこれまで見たような自我が解体し始めたのだ。そこに坐っているのは純粋な気づきだけ。何の努力もなしにただ坐っている。壁も分離もなく、あるのは今この瞬間のいのちとのつながりだ。

それは今見ている現実が雲で、間から青空が見え始めるかのようだ。空が広がったのではない。空は変わらずそこにあった。あなたが、変わらぬそれに気づいたのだ。空は雲に隠されていただけだった。

森林の高僧たちが「智慧を知る者であれ」と言ったのはこのことだ。無理をする必要はない。もともと私たちはそのものなのだ。今までもずっと変わらず。そのためにすべきことさえない。それはただ起こる。

瞑想を続ければ、体験は深まり続ける。青空の性質がより明確になり安定してくれば、雲はもっと広い空間の中で見えるようになり、問題ではなくなる。

わずかながら私はその状態を体験し、仏教の死の教えが信頼できるようになった。だから未知の状態にも安心してとどまれる。深い静けさにみちたその状態は、考えるような既知ではなく、純粋な気づきの未知と言える（森林の高僧なら未知を生きろと言うだろう）。

これにかかわって思い出すことがある。タイの修行時代に大変お世話になった導師アチャン・マハーブワの言葉だ。それは、ガンで亡くなる間際の女性に話したことである。

死を目前にした彼女は、寺院に瞑想するためにやってきた。師は毎晩彼女に話をした。

あるときの師の言葉。

死が迫っても、ハートは痛みや死に動じることがない。心は心にとどまり、それは気づきの砦《とりで》だ。

その心は死を怖れない。何があろうとも壊されないことを知っているからだ。洞察によって心の力は広く遠くまで届く。ハートは輝きを増し、洞察によって浄められ、勇気を備えるようになる。

そのとき死が訪れたとしても、まったく障りはない。痛みは消えても、心は消えない。心はその本性へと帰る。尻込みせず、気づきと洞察によって細やかに痛みを調べ、理解に至れば、死の間際にも、まず痛みの消滅が観察できるだろう。心は消えない。心は現実のすべてから退き、その本性へと帰るのだ。◇12

またある晩の講話。


死を怖れることはない。自分を捕まえ、傷つける罠を作ってはいけない。心に死はない。純粋でシンプルな気づきだけがある。心の中に死は存在しない。それは百パーセント変わらぬ確かな事実だ。

人が呼吸を停止すると、それを死と呼ぶ。そのとき知る者は元素から分離し、感覚を持たない物理的要素だけがあとに残る。それが死者だ。それでも知る者は死なない。◇13

同じことを、韓国の性徹◆禅師はとくに未知の心への帰依を強調して説いた。

人には皆、純粋で輝く広大な「本源の心」が備わっており、それは未来永劫変わることがない。その輝きは、千の太陽が昇る日の出よりも明るい。

本源の心は果てなき広大な宇宙と比べても、果てなき大海と一粒の雑穀ほど大きなものだ。

本源の心は、想像を凌駕し描写を許さない。それを得た者は、考えられる限りの栄光のすべてを手にする。その心は智慧と徳の完璧な結晶であり、ゆえに「天与の智慧」と呼ばれる。

一人ひとりが持つこの智慧は、尽きることのない宝の貯蔵庫だ。その扉がいったん開けば、このうえない智慧と徳と究極の人間の威厳が姿を現す。

しかしこの宝庫の存在を知らず、人は古い屑《くず》のような書物や人の言葉に真理を求める。それは氷の中に火を求めるごとく無意味だ。

本源の心は鏡にたとえられる。どれほど埃《ほこり》に覆われようと、鏡は鏡だ。どれほど長く汚れていても、埃に埋もれても、それは変わらない。きれいに磨かれれば、以前と同じ輝きを盛り戻す。たとえ金粉でも埃と同じ、鏡の反映のじゃまになる。輝く宝石のごとき賢者の言葉さえ、本源の心には埃と同じ、鏡を曇らせる障害に過ぎない。

曇りなき明晰な本源の心を見るには、賢者を拭い、魔物を拭い去らねばならない。絶対的な宗教指導者の言葉さえ本源の心に最大の障害であり、有害な影響を及ぼす。ゆえに、ブッダを

◆**退翁性徹**《テオンソンチョル》（一九一二～一九九三年）
現代韓国禅にもっとも影響を与えた僧のひとり。初めは世俗の身で参禅し、二十代半ばに出家。二十九歳のとき、安居中に悟ったとされる。非常に厳しい修行を長年続け、活き仏と言われた。多くの法話と著作により、その教えは広く知られる。

信じる者はブッダを追い払い、キリストを信じる者はキリストを追い払うべきだ。

ブッダ、孔子、老師やキリスト、あらゆる賢者や魔物を追い払ったのち、心は青空のように澄み渡る。さらに本源の心に触れるには、その青空さえも壊さねばならない。その心に触れるために、過去の賢者にこだわり執着する以上の障害はないのだ。

真の智慧と永遠の解放を見出し、本源の心に触れるには、毒を流すように有害な影響を振り捨てねばならない。ブッダ、キリスト、孔子、老子を敵とみなし、縁を切るのだ。

彼らは本源の心にとっての埃、心から光を奪い暗くするばかりの存在だ。ブッダやキリストという埃を拭い去ったとき、驚くべき本源の心が見られるようになるだろう。

ブッダやキリストとは何か？　ひとり坐れば、聖者も魔物も忘れ、山の端から昇る月はいっそう輝く。菊花の香りは何ものにも代えられぬ。[14]

これをどう感じるかはわからない。心の琴線に触れ、大きな希望を見出す人もいるだろう。真意をつかみかねるという人もいるだろう。

しかし揺るぎなき心の本性は、知っていてもいなくても、瞑想が進むべき方向だ。呼吸に気づくとき、食べものをていねいに噛むとき、マインドフルに歩むたびに、あなたは輝くその心に近づいている。

死の瞬間どうなるかは私にもわからない。しかし確かなのは、どんな体験であれ、怖れに飲まれず、思考をくまなく行き渡らせ、継続的な瞑想によって落ち着いた心でそのときを迎えたい。

何年か前、ターラ・トゥルク・リンポチェに修行についてうかがった。師を深く尊敬していた私は、自分の修行の評価を聞きたかったのだ。私は何らかのほめ言葉を期待していたはずだ。

師は私の言葉をよく聞き、いろいろな話をしたあと、この言葉で締めくくった。「いいか、おまえはどう答える？　自分の不滅性に絶対の自信があるのか？」

なんと単刀直入な言葉だ！　イエスとは到底言えなかった。

彼の意図ははっきりしている。瞑想を継続せよということだ。

師の言葉は、絶対の自信を求める者なら誰にでも必要な言葉だと思う。

第五章◉瞑想を生きる

生と死に親しむこと

本書のテーマは、それを検証する実践と分かちがたく結びついている。ブッダの教えを本当に理解すれば、老いや死の問題は消えるだろう。つまり老いと死の真実を深く見抜けば、ブッダの教えが理解できるはずだ。

人生では様々な出来事に出会うが、それらは解決や消去すべき問題ではなく、知るべき深い真理を学ぶ導き、解放への扉とも呼べるだろう。

あるべき瞑想の方向は、坐禅で得た気づきを生活全体に応用する習慣をつけることだ。坐って培ったマインドフルネスを、丸一日通して保てるよう広げていく。私を支えてくれたお気に入りのたとえがある。「親密さを深める瞑想」としてのマインドフルネスだ。

十三世紀の偉大な禅僧道元は、あるとき「目覚めた心とは何か」と聞かれ、「万物一体（すべてと親しむ）心」と答えた。噛みしめるほど、心の奥に響く言葉だ。親しみを育む瞑想には、基本的な呼吸から、可能な限りの最高の目覚めと解放に至る体験まで幅がある。その間にあるすべてが親しみの瞑想だ。

現代社会でも「親しみ」という言葉をよく目にする。皆が親しさを求めている。気持ちの上ではそうでも、現実には寂しさ、分離、孤立に悩まされる。考えたくもないかもしれないが、本当のところ自らの寂しさと親しめなければ、人と親しいつながりは作れない。自分に親しまなければ、他者と親しむことはできないのだ。

本書の大きなテーマ、病気、老い、そして死は、もっとも身近な体験だ。それら以上に近いものはない。しかし私たちには逃走するという巧みな才能がある。もっとも身近なものからそうして逃げているのだ。

もちろん逃げ切ることはできない。どんなときもそれらは人生の基盤なのだから。しかしなお私たちは逃走を試みて、自分にとってもっとも疎遠な隣人となっている。

ウディ・アレンは映画の中でこんな台詞《せりふ》を言った。「死ぬのが怖いわけじゃない。死ぬときぼくはそこに居たくないだけなんだ」

瞑想する者の生き方は、それとはまったく逆だ。私たちは、死の怖れを正面から見つめることを学んでいる。あえて怖れを招き出すこともある。死の間際にはもちろん、その場から逃げずにとどまることを選ぶ。何があっても今ここにいるのだから、死ぬときは言うまでもない。

ブッダの悟りの道を生涯かけて歩む者にとって、それは最後の試練だ。その最期の瞬間にも、親密さを忘れないでいたい。

親密であるとは、何があっても対象から離れない不分離を体験することだ。多くの人は、自分が不完全だと思っている。怯え、渇望し、怒るばかりの自分。それでも精神性を磨けば前へ進める。その先にきっと大丈夫な自分が待っている。

私たちは、「何かのために」という考えを持つ。いつも何かを手に入れようと行動している。そして何者かになろうとする。しかしそうした競争と、渇望と、目的志向の前のめりの姿勢が、今という瞬間から、ありのままの自分から、私たちを遠ざけている。

それが親密さを妨げるもとだ。親密なつながりがないと嘆きながら、その渇望自体が、あなたを親しみから隔てているのかもしれない。

曹洞禅の流れを汲む内山興正◆老師は、私がひときわ心惹かれる仏教僧である。その教えは、奥村正博◆老師など多くの人々による訳書を通してアメリカに紹介された。内山老師は澤木興道◆老師の弟子であり、ふたりの対話をそれらの書籍の中に見ることができる。

澤木老師は日本の既成の禅に揺さぶりをかけた人物だ。彼は早くに親を亡くし、大変な幼年期を送った。その後廃寺を継いで過酷な修行に身を投じ、見るからに強健でカリスマ性を持った指導者になる。一方内山老師は、自らが書くように内気で病弱だった。あるとき彼は、師匠である澤木老師に「坐禅修行を長年積めば、あなたのように強くなれるでしょうか？」と聞いた。

老師は言下に「いや、それは無理だ。私は昔からこうだった。坐禅のおかげではない」と答えた。

老師が墓碑銘に望んだ言葉は、「ここに澤木眠る。坐布の上で生涯を無駄にした者」だった。彼は、「坐禅をしても、何にもならない」という言葉で有名だ（しかしその何にもならないことに全身全霊で打ち込まねば、人生そのものが無意味だと老師から言われるだろう）。澤木老師は「何かのために」の心に反逆し、ただ坐るために坐れと教えた。

とはいえ、坐禅はもっとも実用的な修行法である。体験者なら皆そう思うはずだが、確実に人生を良いものにする。だが益をねらって坐れば――澤木老師のように強くなりたいと思った内山老師と同じに――自分を損なうことになる。坐禅の可能性はそこで終わりだ。

解放と健やかさを願う偽りなき思いはすばらしい。それは瞑想に熱意と方向性を与える。しかし私たちにありがちなのは、目の前の目標ばかりを追いかけ、今という瞬間とじかにつながれずにいることだ。頭の隅にその目標が居座り、現実が見えなくなっている。

◆**内山興正**（一九一二～一九九八年）

禅僧、折り紙作家、詩人。西洋哲学を修め、キリスト教を経た後、澤木興道老師について出家得度。同師に長年師事し、その死後に安泰寺の住職となる。多数の著書がある。

◆**奥村正博**（一九四八年～）

曹洞宗の僧侶。内山興正老師の下、安泰寺で出家。パイオニア・ヴァレー禅堂の道場設立に携わりアメリカで布教。さらに仏典の翻訳、解説など数多くの英語の著作を、仏教徒でない外国人にもわかりやすい言葉で紹介した。曹洞宗国際センター長を務めた。

◆**澤木興道**（一八八〇～一九六五年）

曹洞宗の僧侶。一七歳で出家得度。特定の寺を持たずに全国各地で参禅指導したが、特に一九四九年から入寺していた京都の安泰寺（七六年に兵庫県美方郡に移転）は参禅道場として国内外から多くの修行者が訪れた。一九三五年からは請われて駒澤大学教授を務めた。実際の墓碑には文中のような記載はなく、「望んだ」という事実についても真偽は不明である。

マサチューセッツ州バリーのインサイト・メディテーション・センターで行う沈黙の九日間リトリートは、私の重要な仕事のひとつだ。リトリートが、参加者の瞑想を深めるためのすばらしい機会であることに疑いはない。

参加者はそのために相当の時間とエネルギーを注ぎ込む。遠方から足を運ぶ人も含め、多くが仕事の休暇を取り、家族と離れて過ごす。何か月も心待ちにしていた人も多い。

それだけに、リトリートの体験やそれがもたらす成果を期待するのも無理はない。多くが日常的なストレスの軽減と平安を願っている。人間関係を深く内省するなど、取り組むべき課題があるかもしれない。創造性を高めたり、特別な洞察を期待する人もいる。

洞察瞑想とも呼ばれるヴィパッサナー瞑想に対して、リトリートに参加する人たちは何らかの洞察を求めるのだ。それが何かはわからなくても、求めている。

しかし滑稽にも、期待を裏切るような気づきが訪れることもある。初めのうちはリトリート自体がストレスだ。知らない場所に来て、読み書きをはじめ話すことまで、まるごと日常の習慣が取り上げられる。そのうえ作務の時間には、初体験で気乗りしない、または困難な仕事を押しつけられるのだ。

静寂に心が反応し、頭がおしゃべりだらけになったり、同室者や作務を共にする仲間や昼食の列で進まない迷惑な人たちなど、他の参加者との問題も体験する。洞察はひとかけらも訪れず、おなじみの心のくり返しだ。家に帰ったほうがましだと感じ、戻りたくもなる。

リトリートがこうあってほしいと期待する無意識の思い、期待感がそもそもの問題である。その思いが今の現実から気持ちを引き離す。自分の望みや期待がどうであれ、人生はありのままに展開している。起る現実とそれに対する期待の間には断絶があり、その間には苦がいっぱい詰まっている。苦はリトリートだから起こったのではない。もとからあなたの生活にあったのだ。

瞑想は私たちが深く学び直す機会であり、未来への期待から心を引きはがし、今の現実に向き直させる。

坐禅や歩く瞑想自体が悟りへの道であり、有用なのは確かだが、結論から言えばそれらは瞑想の核心とは違う。瞑想とは、今の体験から離れないことだ。どんな体験でも、今この瞬間にしがみつかず、拒否をせず、集中する――平静な目覚めた心が鍵である。

初心者によくあることだが、瞑想がとても順調だと言ってくる人がいる。それは本人が願った通りの体験だ。彼らはとうとう瞑想がわかったと思っている。

私は心の中で、これは苦労するなと思う。瞑想がうまくいっても、やがて失敗もするだろう。もう一度うまくやれたらと期待するからだ。しかし同じことは二度とない。真理のめぐり（法輪）には方程式がある――期待すなわち苦であるという方則だ。

親密さの実践は、それとは逆に現実のありのままを体験する。参加者はリトリートで、床の掃除などの作務を割り当てられる。彼らはそれにどう親しめばいいのか戸惑う。

私たちはふだん作業に懸命に集中し、力づくで済まそうとする。それはせいぜい二十秒ほどしか続かない。むしろリラックスして作業に浸り、その体験を観察するほうがいい。焦りから湧いてくる思考に気づき、たとえば少し歩いてくるなども一考の価値がある。

思考は行為とあなたを切り離す。思考の働きと格闘せず、観察しながら作業に戻ること。そうするうちに、行為とまったくひとつになる瞬間が少しずつ増えていくだろう。親密さはこのように、分離をはっきりと観察することから生まれる。

あえて名づけなくても、読者は私が言う親密さを体験済みだと思う。主客の二分が消えた瞬間、行為する人は存在せず、行為だけがそこにある。

音楽家が演奏行為に没頭すると、ときに楽器との隔たりが消え、努力せずに演奏できるという。アスリートがゾーン（深い集中状態）に入ることが知られているが、ふつうの人でも走ったり泳いだりするとき、同様に「行為者が消える」体験をすることがある。

すぐれたダンサーも、パートナーと、またはひとりで踊りながら、突如として人が消えダンスだけが残ることがあるそうだ。しかし、少しでも思考が割り込むとすべてが崩れる。「ダンスとひとつになった」と思うだけで、自意識が戻ってくるのだ。

行為に没頭し身をゆだね切ったとき、その瞬間は訪れる。瞑想の目的は、何の見返りも期待せずその瞬間が人生のすべてと知り、自分をゆだねることだ。到達は行為そのものの中にある。私たちはただ坐るという行為によって、そのすべてへのゆだねを体験する。

初めての坐る瞑想は、子どもの自転車の練習と同じだ。練習を通して私たちは体と呼吸を意識し、少々のぎこちなさや自意識を味わう。しばらくすると運転がこなれてきて、子どもと自転車は一体となる。瞑想も似たようなものだ。

心、体、呼吸がひとつに溶け合う。自分が呼吸しているというより「呼吸されている」とき、そこに呼吸する人は見つからない。

たとえば親密さを、新鮮な食物にたとえて「生々しさ（rawness）」と言い換えることもできるだろう。その瞬間の体験は、ただ「ある（is）」だけだ。背中が痛むと言うとき、その際立った感覚は定まらず変化している。「痛み」の概念はたんなる想像で、おまけにそこに否定的な解釈が張りついている。しかし実際には感覚だけ、途切れることのない特殊な流動、感覚の流れがあるだけだ。坐布の上で心が鎮まったとき、その流れ続ける生命エネルギーを感じることができる。

この生《なま》の体験に、私たちはいつも概念、理論、解説、叙述によって調理を施している。たちまちそれは頭の中で思考となり、もとの体験からはるかに遠くなる。「あること（isness）」はこうして失われる。マインドフルネスは「あること」に帰る瞑想だ。生で荒々しい、率直かつむき出しの体験の流れへと。

私は親密さについて人に伝えるために、テレビのスポーツ観戦のたとえを用いることがある。バスケットについてなら何でも知っている愛好家がテレビを観ている。すると解説者の言葉が聞こえてきて実況中継を始める。あたかも現場にいない人に教えるかのように、その言葉は視聴者の経験まで変えてしまう。解説者は試合を盛り上げ、どちらかのチームに肩入れしたりして給料をもらっている。

私たちの心もまた独自の見解を持った解説者だ。その解説者を黙らせることや口数を減らさせるのが無理でも、それが現実に施す調理の様子を見守ることは可能だ。観察によって私たちはありのままの体験に戻ることができる。

逃避を観察する

ためしにこの本を読みながら、親密さを体験できるだろうか？

あなたは今座っていると気づく。その気づきを体と椅子との接触、床に足の裏がつく感触に向ける。呼吸に気づく。姿勢や呼吸への気づきは、マインドフルネス全般に通じるすぐれたグラウンディング法だ。

そして禅でも教えているが、ただ読む。両眼をページの端から端まで滑らせ、単語を見ながら飲み込み、意味を把握する。内容にうなずいたり、否定する考えにとらわれることもある。

何かの刺激を受けて、心が他にそれることもある。そのとき目は言葉を追いながら、読んではいない。いつ気がそれたか知ることが瞑想だ。それからごく自然に読書に戻る。

あらゆる意味で今は顧みられなくなった聴き方についても同じだ。

仏教の僧院や瞑想センターで、導師が話すときに聴く側は姿勢を整えて拝聴する。鍛練や規律のためだけではない。それが傾聴に最適な姿勢だからだ。

坐禅と同じ姿勢で坐りながら、気づきを働かせる対象は講話である。心がそれたと気づいたら、今聴いているということに意識を戻す。

友人と話すのもこれと同じだ。私たちは相手の言葉にすべての注意を注がず、答え方を探したり、自分の反応や意見に気を取られている。そんなときには、ほとんど対話になっていない。

そこで聴くことに全面的に集中し、相手の言葉のニュアンスまで汲み取ろうとするなら、自分の言葉も自然に出てくるだろう。そのほうが、対話がうまく流れるようになる。

私たちは引っ切りなしに頭の中で計算している。ＡからＢへ行きたい、さらに貪欲ならＡからＺへと一気に飛べればと思う。

この瞑想は、ＡからＡへの歩みだ。今ここに全身で飛び込み、今起こっているすべての現実を体験する。

私たちは、瞬間とは目的までの途上に過ぎないと単純に考える。Ａ地点で今こうすることが、Ｂ地点の幸福につながると。しかしここでは、あらゆる瞬間が途上であり目的地だ。Ａという瞬間はＡである。Ａよりさらに充足するＢという未来はない。すべての瞬間は絶対的な真実なのだ。

ブッダの目覚めと解放の教えは、目差すべき到達点のように思える。しかし自分のいる今にとどまること、この瞬間にまぎれもなく存在する以外に、そこに至る道はない。

寂しさを例にあげよう。それは他者に近づきたい切望につながることが多い。今の寂しさは逃げ出したいＡ地点だ。今よりましな別の場所に行きたい、できれば穏やかで安らぎのある目覚めの地へと。

寂しさは、自ら壁を築き人から離れることで感じることもある。人が自由の妨げになると思い、そこから解放されたいからだ。自分で孤立を作りながら、その孤独感に戸惑う。

答えは外に出て誰彼かまわずハグすることではなく、この瞬間に立ち止まり、自らが築いた壁に触れてよく見ることだ。答えはいつも変わらず、この瞬間に起こっていることの中にある。

坐布に坐って瞑想しながら、寂しさという感情が起こるのを感じている。〝寂しさ〟は人間が付けた名だ。しかしその感覚自体は生々しく特有なものである。それと親密になるにはどうすればいいのだろう？

一番いいのは、掃除機を使ったり読書するのと同じく、疎遠な対象の実体を観察することだ。

私たちが寂しさから無意識に逃避するためによく使うのは、説明することである。自分の感情を解決するこまごまとした理屈をひねり出し、心を落ち着かせようとする。その分野の本は何冊もある。人間の必須条件についての複雑な理論、たとえば孤独の存在論などもある。それらは一種の知性の記念碑になっている。

幼少期からの寂しさのストーリーに逃げ込むというやり方もある。心が揺さぶられる長大な物語にうっとりしながら、聞いてくれる相手なら誰にでも話す。相手がいなければ自分自身に聞かせるのだ。私たちが今の実体験より孤独のストーリーを好むのは、「私」が主人公になれるからだ。エゴは自分がスターになれるなら、孤独の物語を生かすほうを好む。

寂しさを正当化する逃避もある。誰かに責任をなすりつけるのは、私たちの常とう手段だ。そうして寂しさを否定したり抑圧して、手当たり次第に気をそらせるための代替物を探す。

瞑想で寂しさに対処するには、時間をかけて、毎日、毎月、何年も、逃避しようとする自分を観察し続ける根気が必要だ。そうすればいつか寂しさが現れても、逃げたりごまかしたりしなくなるときがくる。そのときマインドフルネスは感情とひとつになり、思考は治まる。寂しさを強めることも、否定することもなくなるのだ。そこには無垢で素直な観察眼だけが残る。

孤独を理解するには、それと親しむ必要がある。感情を開花させ、そのストーリーを語らせ（言葉でなくてもいい）、それが消えてゆくのを見守る。坐布の上で身に着けたマインドフルネスの応用は、そのために最良の方法だ。

マインドフルネス瞑想の初心者には誤解も多い。たとえば瞑想を、丘の上から双眼鏡で眼下の谷の戦闘を眺めるように、経験から自分を分離することだと考える。観察はするが現場にはかかわらない。自分はどちらかといえば安全圏にいるのだと。

私が理解するマインドフルネスには分離がない。それは参与観察だ。観察者は丘の上ではなく戦闘が起こっている谷に降り、その現実に完全に気づいている。瞑想しながら呼吸や身体感覚にゆだねるのと同じく、その体験に自分をゆだねる。この場合には、より複雑な寂しさという体験にゆだねるのだ。概念や解説や回避によって調理せず、ただそのままを体験するのである。

ふつうに寂しく感じることとどう違うのかと、よく聞かれる。違いは、意識の目覚めの度合いにある。ただ寂しがっているときには、それに没入している。あまりに辛ければ、立ち上がれなくなるかもしれない。

マインドフルネスを実践すれば、心がそれることなく、それがよく見えてくる。体験の渦中にいながら、いきいきと感じられるようになる。

それができれば、以前にも書いたように、法則性が見えてくる。すべては変化し、無常であることがわかるのだ。そこには始まりと、途中と、終わりがある。

さらにマインドフルネスのエネルギーは、体験自体をも変えてゆく。寂しさに封じ込められて変わらないように思えたエネルギーが解放される。その体験もまた無常であることがわかれば、働きかけることができる。心が創り出すことなら何でも私たちは向き合えるのだ。

寂しさと深く交われば、それは消えていく。主客の分離はなくなり、私たちが寂しさとひとつになる。自らを憐れむ「私」の痕跡さえも残らない。

寂しさの寿命の中で一瞬でも寄り添えれば、寂しさを開花させ、隔てなく見守り、最後まで見届けることができれば、寂しさと自らの人生ついて学べることがあるだろう。

親しい交わりが成り立つとき、何かが消えている。それは「私自身」「私のもの」という意識だ。この寂しさが私のものだと思うと、心が開けなくなる。はっきりと観察するとき、私自身や私のものという考えはすでにない。そこには寂しさだけが残る。

感情がこのように消化されたとき、寂しさと孤独の違いがはっきりする。たとえ孤独であっても、あなたはすべてとつながっている。

しかし、空《くう》をもうひとつの目標や到達点にしてはいけない。

ユダヤの古い笑い話がある。聖日にラビ（導師）がシナゴーグ（ユダヤ教の礼拝堂）を訪れ、聴衆の前で講話をした。

「あなた方は私をラビ、指導者、聖者として見る。しかし言っておくが、私は無だ、何者でもない。ここには誰もいない」。そして強調するように自分の胸を叩いた。その謙遜な態度に聴衆は打たれた。ラビの助手が立ち上がり、加えて言った。「彼がいないとお思いか？　私こそ無だ。私は何者でもない。私のほうが、さらに無である」。聴衆はまたも深く感動させられた。ふたりとも、ふだん演壇に鎮座する人である。

最後に、うしろのほうで作業服の清掃員が立ち上がった。「私こそ無だ！　私は何者でもない！掃除する床の埃よりも無価値な人間だ」

ラビは首を振り、うんざりした様子で助手に話しかけた。「あきれた、自分が何者でもないなどと言い張る人間がいるのだな」

親密さの瞑想は、大なり小なり人生の中で様々な波紋を広げる。

何年か前、私はケンブリッジで教えていたが、そのころフランスの食べ物が流行っていた。ファストフードの店でクロワッサンを売るよりずっと前だ。クロワッサンを食べたことがある――またはそれを正確に発音するだけで、何となくおしゃれな印象が与えられたものだ。

ありのままの親密さの瞑想を教えていたときに、ある学生が来て、自分が白カビチーズが嫌いなことに初めて気づいたと言う。長年口にしていたが、その日はじっくりと味わってみたらしい。その学生は、それまで自分の思い込みというものを食べていたことになる。

私は韓国へ行ったとき、これとは逆の経験をしたことがある。崇山禅師のもとで学んでいたころ、ふたりの弟子と師の故郷へ連れて行ってもらった。

しかしそこの食べ物がまったく口に合わない。ご飯と漬物ばかりの単調極まりない食事としか感じられなかったのだ。ブルックリン生まれのユダヤ人の私に、コーヒーもケーキも出てこない。朝食《ブレックファスト》という考えのない人々に、私はいらだつばかりだった。人々は朝もほかのときとまったく同じものを食べるのだ。

アメリカには食べ物のジョークがたくさんある。それは体験と距離をとる知恵でもある。私はその典型だ。

ある日師から大声で怒られた。まさに私を壁際に追い詰め叫んだ。「お前はどこにいる?」

「韓国です」

「そうだ」

韓国に腰を据えろ、と言われたのだ。

最終的にその教えに従い始めた私は、何かを期待するのをやめ、出されたものを食べるようになった。するとけっこうおいしいと感じていることに気づいた。いまや韓国料理はお気に入りのひとつになっている。

わが父との晩年の出来事は、さらに痛恨の体験になった。彼はアルツハイマー患者のための施設に入所していた。最初の六か月は、訪ねるたびにトラブルばかり起こった。頭が切れて知性があり、洞察の深い昔の父と、今の父を比べていたのだ。そのイメージが私たちの関係性を決定していた。それだけでなく、私は症状について膨大な量の書籍を読み込み、病気に面倒な意味づけをしていたのだ。私は彼を、老いて傷ついた愛すべき父親ではなく、ただのアルツハイマー患者として見ていた。しかしやっと自分の態度に気づいた。私は父に寄り添っていなかった。診断名で分類し、壁を作っていたのだ。

それからあとも簡単ではなかった。かつては、私たちの間にある種の共通性はあったのだ。やっとある日私は、ありのままの父が見えるようになった。さらによく見れば、思ったよりいろいろなことが父には起こっていた。

父には確かに幸せそうな瞬間もあった。担当の看護師や助手からも同じ感想が返ってきた。診断名を忘れさえすれば、父なりのユーモアもわかった。理解することは依然として難しかったにしろ。しかし一緒に笑うために、言葉の意味まで知る必要があるだろうか？

ここで言う親密さとは、特別なときだけの体験ではない。当たり前そのものの中に気づきの種は隠れている。

呼吸をたどり、あるがままの呼吸に気づく。外から鳥の声が聞こえるなら、ただそれを聴く。歩くなら、地面に着く足の裏を感じる。食べるときには良く味わう。そうすれば、より複雑な体験――老い、病気、死など――がやって来ても、それほど怖れることはない。他のときと同じく、率直に、自然で素直な姿勢で受け止めることができる。

深遠な今というとき

ほとんどの人が、親密さという言葉から関係性を連想する。あらゆる対象との関係に親密さの原理は当てはめられる。

数年前、私は精神分析医R・D・レインの著書を読み、他の女性の想像をしているときだけ妻との性交渉が可能になる男のことを知った。もちろんそれは歪んだ親密さだ。

しかし妻が相手であっても、過去の行為の思い出にとらわれ、現実の彼女ではなく想像に浸っているならまったく同じことだ。

人間関係では、同じようなことが頻繁に起こっている。そこで見ているのは過去の行為の蓄積が作った幻影であり、生き生きとした相手自身ではない。お互いが幻想の投影をしているなら、それは想像と想像の出会いに過ぎない。それが親密さと言えるだろうか?

今ここに心を置いて相手に出会うことだ。一瞬一瞬新しい生まれ変わりであるその人と。それが関係性をいつまでも生き生きと保つ。

かなりのエネルギーを注がなければ、体験との親密さを深めることはできないと思うかもしれない。何となく日常を送っていると、マインドフルネスの実践にはかなりのエネルギーが必要だという印象を抱きがちだ。

実際にはまったく逆である。身心に意識を向けるようになると、自分が現実を避け、抑圧しながら逃げている心の習慣に、多くのエネルギーを消費していることが見えてくる。浪費されているエネルギーを、嫌悪する対象の観察に注げば、無限の心のパワーと集中力が見つかるだろう。そのとき、病気や老いや死の恐怖にも立ち向かえるようになる。

この瞑想は、運命に屈することだと考える人もいる。あるがままの現実にとどまることを、坐って一生孤独でいることと解釈するのだ。またそういう人は、リトリート中に火の手が上がり炎が屋根を舐めるような状況でも、立派な修行者ならその熱に気づき、熱さが増しても気づき続け、肉体が焦げ始めても観察を止めない……とまで想像する。

私が意味する明晰な観察は、少なくともそれより賢明だ。完璧な修行者なら真っ先に建物から出るだろう。最初に煙の臭いに気づき、人々に警告するのだ。

瞑想をする者は、これから先孤独を見つめながら生きるべきということではない。それは自ら選択肢を手にすることだ。ほとんどの人は無意識の中で寂しさや怖れに隷属し、それらに苦しめられて生涯を過ごす。しかし心に取り組む術《すべ》があるとわかれば、振り回される必要はなくなるだろう。

瞑想が深まるほど、人はシンプルな生き方を選ぶものだ。娯楽に走ったり、忙しがることから解放される。見過ごされがちな当たり前の体験にあふれる豊かさに気づくだろう。

自然の中に、まっさらな気持ちで踏み入っていく。木々や岩や花々から何かが伝わって来ないだろうか？　思い込みを手放して自然と出会い、ハートを大きく開いて佇《たたず》み、そこにあるものを良く見てみよう。

音楽を聴いていると、様々な連想が止まらないことがある。初めてその曲を聴いたときのこと、音楽への作曲家の人生の反映、指揮者の解釈の優劣についてなどだ。

自問してみて欲しい。その音をありのままに聴くことができるだろうか？　呼吸と同じく、解釈なしに集中し続けることができるだろうか？　それはまったく違う体験になるはずだ。

ブッダはあるとき、親密さについて率直に語った。経典「最良の孤独を愛する教え」◆は、過去に執着せず、未来に心を奪われずに生きることを勧める。過去はすでになく、未来はまだ来ていないからだ。

過去を考えなくなるという意味ではない。考えに飲み込まれたり、執着したりしなくなるということだ。未来のことも考えるが、それによって苦しんだり妄想したりしなくなるのだ。

ブッダはさらに、現在に心が奪われることもあると言う。それは自らの身心に起こることについて、これが自分、これは自分のものと見なして、自分と同一視することだ。そのとき、過去や未来と同じように現在に心が奪われている。

問題なのは思考そのものではなく、思考との付き合い方である。

入門者向けの会の参加者の話だが、彼は瞑想によって洞察に集中することがすぐにできた。ところが実践のあと非常に浮かない様子でいる。わけを尋ねると、四六時中未来について思考する都市計画が自分の仕事なのに、これからどうすればいいかわからないという。

言うまでもなく、計画が必要な場合もある。そのとき今の瞬間に軸足を置き、計画している行為に気づきを働かせるなら、それは立派に瞑想になる。

私の教え子の中には、ライターも少なからずいる。こうして私が書いているように、彼らも仕事で過去の出来事を扱う。書くことで過去や未来に考えが向いても、それ自体が問題とは言えない。逆に今を意識していても、必ずしもそれがマインドフルであるとは限らない。大切なのは心の状態への反応のしかたである。

ブッダのもとを訪ねてきた人が、あなたの弟子の比丘たちは、なぜそんなに穏やかで幸福そうに見えるのかと聞いた。ブッダは答えた。未来に頼んだり、過去を取り返そうとせず、今に生きるよう不断に努めているからだと。

今にとどまることが鍵だ。今という瞬間に正しくたどり着くことができれば、そこから生きる活力を得ることができる。

その源とつながるには、ありのままの観察だけでなく智慧の目が必要だ。つまり識別力を持つ気づきである。それをパーリ語でサティパンニャ（八四ページ）と言う。

現実に寄り添いながら、現実と自分を同一視しない。そのとき非常に注意深い気づきを保ち続ける。

◆**最良の孤独を愛する教え**

パーリ聖典、中部（マッジマ・ニカーヤ）収録の第一三一経、バッデーカラッタ・スッタのこと。賢善一喜経、一夜賢者経などと呼ばれる。ティク・ナット・ハン著『ブッダの〈今を生きる〉瞑想』（野草社刊）では、「ひとりで生きるより良き道の教え」という名で、同経典を解説している。

気持ちが散漫になったとき「私」という意識が再生する。その瞬間に気づき、もう一度ありのままの現実に意識を戻す。ブッダが説いた理想的な孤独は、群衆の中でも手に入る。「私」を手放し、目前の出来事に心を開いて気づくだけだ。

今という瞬間に体験する親密さの実践に、多くの存在の支えを実感するインタービーイング（相互存在）の洞察がある。

私が日本で禅の修行をしていた道場では、修行者たちがお辞儀という作法によって相互存在を確認し合っていた。たとえば坐禅のあと、坐布に、そして向かい側の修行者にお辞儀をする。彼らは言う、相手がいるから修行できるのだと。

他の仲間が励んでいることが、自分の修行の励みになる。彼らはまた、仏像や禅堂にも礼をする。トイレにさえお辞儀するのだ。

それはトイレットペーパーにも及ぶ。長いリトリートの間に、私は教え子に質問することがある。講師とトイレットペーパーどちらが大事かと。私が二、三日いなくても皆立派に瞑想できるはずだ。歩く瞑想も坐る瞑想もわかっている、すべきことはスケジュールにも書いてある。

しかしトイレットペーパーが切れたら、悲惨なことになるだろう。

道元の『典座教訓《てんぞ》』は、禅で重要視される実践書だ。道元は僧院内のすべての役割の指南書を書いたが、典座（調理係）の解説はそのまま生活に応用可能であり、もっともよく読まれている。

その中に、若い道元が師を求めて中国に渡ったことが書かれている。到着して間もなく、ある僧院から来た典座に出会った。

その六十一歳の典座は、修行者向けの特性スープに使う茸を買うため二十キロ以上歩いてきたが、これからすぐに取って返すと言う。道元は彼に、炊事は留守の者に任せ残ってほしいと頼んだ。仏法の問答の途中だったので、その続きを望んだからだ。

典座は道元の言葉に笑った。「外の国から来た法友よ」「あなたは修行がどういうものかご存じない」

道元の言動は、仏法の学びを重んじながら炊事を軽視するものだった。それは僧院の住職を貴びながら典座を軽んじることだ。当時の中国では——のちに道元が日本で開いた道場でも同じく——典座は非常に尊重され、修行を重ねた老練の修行者にゆだねられていた。炊事場で昼食の用意をするのは、禅堂の坐禅と比べても軽視できない。それ自体が修行なのだ。

道元は炊事場においても物事に優劣をつけぬよう典座に指示した。萎《しな》びた野菜の入った残り汁を、賓客に出す最上のスープと同じくていねいに扱いなさいと。野菜を自分の眼球のように大切にせよとも言った。

古くて萎びているほうが良いということではない。その瞬間の、それこそがいのちという意味だ。何をするにも深い尊重と注意深さが必要だと彼は教えた。

私たちは時間を細切れにする傾向がある。仕事の時間、運動する時間、食事のための時間、夫婦の時間、子どもと過ごす時間、そして最後に自分のためのわずかな時間が取れればうれしい。しかし真実に生きる者にとっては、すべてが自分の時間である。些細なことも含め、何をするにも他のすべてと同じく重要だ。無駄な時間は少しもない。

有名な経典にこうある。宇宙から一粒の塵が取り去られたらすべてが崩れ去ると。これが真実のあり方だ。まさしくすべてが等しく重要なのである。

瞑想を始めたころ、親密さの瞑想に直結するようなふたつの死に出会った。

韓国の僧院にいたとき、そこに住む尼僧が亡くなった。葬儀にはとても心が打たれた。僧と尼僧が全員集まり、列を組んで丘を下っていく。遺体が茶毘《だび》に付される間、彼らは詠唱を続けていた。

葬儀が始まると、隣に座った禅僧がすすり上げている。彼はとても辛そうに泣いていた。私は戸惑うしかなかった。

◆

当時私はアラン・ワッツに惹かれ、その著書から禅のイメージを描いていた。禅僧はつねに静かな心で、何事をも完璧な落ち着きで受け入れると。それだけに葬儀で見たことに混乱したのだ。

私は泣いていた僧に面会を申し出て、その件について聞いてみた。彼は高笑いしながら答えた。彼は亡くなった尼僧と同時期に寺に入り、知り合ってずいぶん長い。そういう人を失うのは辛かった。葬儀では激しい悲しみを覚え、遠慮せずにそれを表した。自分の思いを出し切り、満足したのだ。

何年かたち、アチャン・スワットのもとで修行していたとき、私は彼が師としっかりした絆で結ばれていたと聞いた。若いころの彼は、師を亡くしたらどうなるのか心配した。それがとても怖かったという。

それから彼は修行を進め、実際に師が亡くなったときにも完璧な平常心を持ち、深い慈しみまで感じたという。自分の師もすべてと変わらず無常であり、死という形でその法にただ従ったことを悟ったのだ。

では韓国の僧のことはどうだったのだろうと疑問が湧いた。私の話をアチャン・スワットはていねいに聴いていたが、おもむろに「その僧の境涯が深ければ、そうして感情にさらわれずにすんだはずだ」と答えた。

私にはわからない。どちらか選ぶとすれば、韓国の僧の反応は正直なものだったと思う。しかし、どちらがいいかなど決められはしない。どちらもその瞬間の真実を体現していたのだから。

大切なのは、その場合は悲嘆するほうが自然だ、などと決めつけぬことだ。心が静かなら、静けさを感じる。悲しみがあるなら、悲しみを感じる。どちらの心もまったくの真実だ。

ある意味この実践は、初心者にも上級者にも等しく当てはまる。することはひとつ、その瞬間の体験に正直であることだ。

ケンブリッジの禅センターである老師の面談に同席していたとき、参加者のひとりがかなり興奮した様子で、今しがた悟りの体験をしたと駆け込んできた。彼は事細かにその体験を報告した。老師は話に耳を傾け、できるだけていねいな口調で聞いた。「それをここで見せてはくれまいか？」

◆**アラン・ワッツ**（Alan Watts, 一九一五～一九七三年）
英国生まれのアメリカで活動した思想家、著述家。仏教・禅を中心に、心理学や神秘思想などを幅広く探求した。カウンターカルチャーの中で若者達に支持され、自身のラジオ番組で発言するなどして影響力は大きかった。多くの著書がある。

彼はその人に、悟りが過去に起こったとすれば同じ体験は二度とないことを知ってほしかったのだ。重要なのは今起こっていることだ。

人生で私たちは様々な思いを抱く。あれさえなければ幸せになったのに。怖れがなければ、怒りが、孤独がなければ。さらに皿洗いせずにすめば、ゴミ出しや所得税の仕事がなかったら。こんなに歳でなければ、病気さえしなければ、もし死なずにすむなら。

しかしそれらすべてはある。それが人生というものだ。

それらがあっても、瞑想にはまったく支障がない。幸せとそれらのあるなしは、まったく関係がない。すべては自分の対応のしかたにかかっている。

すべきことはいつも同じだ。全身全霊で体験すること。親しむことなのだ。

付録◉瞑想編

気づきの実践

私の瞑想法は二段階で説明することができる。サマタとヴィパッサナー、言い換えれば瞑想の礎である呼吸の気づきによる沈静と智慧である。

呼吸は集中の対象としてもっともふさわしい。マントラ（真言）と違って、文化的な色づけや他分野との関連がない。それは、決まった場所に縛られず、持ち歩かねばならない何かでもない。呼吸はごくシンプルでどこにもついてくる。私たちは誰でもつねに呼吸している。坐禅中に限らず、生活の中でいつでも気づくことができる。つねに呼吸は今ここにあるのだ。それはこの瞬間への扉である。

改まった形で呼吸の気づきを練習するには、静かな場所を選び、リラックスし、背筋を伸ばして坐る。脚を組み、その姿勢を支えるために尻の下にクッションを置くか、クッションや座椅子を使って正座してもいい。椅子に腰かけて床に足を降ろすやり方も可能だ。

どの場合も体は三点で支持され、三脚のように安定している。背筋はまっすぐ伸びているが、軍隊のように力は入れず、リラックスして姿勢を保つのに必要な力だけを使う。

そうして、鼻腔、胸の周辺、腹部など、自分のわかりやすい部分を選び、呼吸の動きに気づきを向ける。呼吸には特別な技法を使わず、ありのままをただ観察する。

入る息のあと、少し止まって出る息、そのあと少し長めの休止があるかもしれない。すべての人を生かしている呼吸の、一瞬ごとの変化にただ気づく。「呼吸する」のではない。それが起こるままにするのだ。そうして、すでに続いている自然のプロセスに任せる。

呼吸をたどる取り組みは非常に奥が深い。文字通りそれは一生ものだ。観察を進めるうちに、呼吸は世界そのもの、宇宙の反映であることが見えてくる。さらに何か月、何年かけて呼吸に気づいていけば、体験はますます深まっていく。

長い息もあれば短い息もある。呼吸は胸に起こるときも、さらに下方の腹部にあるように見えるときもある。短く、硬く、委縮した呼吸があれば、まったく努力なしに深まる呼吸もある。絹のように滑らかな呼吸、麻のように荒くざらついた呼吸もある。

一回瞑想するうちに、そうした両極を含む呼吸のすべて、またはそれらの間にある無数の呼吸が起こりうる。呼吸というただの身体活動にも、これほどの多様性があるのだ。私たちはこうして、同じ呼吸はふたつとしてないことに気づく。

人の心にはそれ以上に活発な機能があり、呼吸以上に多様な働きがある。私たちはふだんから落ち着かず、散漫な心でいることが多い。呼吸の観察などのシンプルな瞑想なしには、それにさえ気づくことができない。心はむしろ、今ここ以外の何かに惹かれるようだ。

様々な雑念が心に浮かんでも、心の活動自体が問題なのではない。それは気づきのきっかけだ。雑念によって、心がどれほど奔放であるかがわかる。

初めの段階では、そんな心の様子を詳細に観察する気にはならないだろう。意識がそれたと気づいたら、自分を責めたり裁いたりせず、それに気づいてすぐ呼吸というシンプルな営みに戻る。

坐禅をしていると、心がそれたらまた戻るを繰り返す気づきばかりに終始することもあるだろう。瞑想が進むにつれて、呼吸に集中できる時間は長くなっていく。競争ではないのだから、うまくいくかどうかは問題ではなく、そこで無理をしなくてもいい。

うまくいかなくても、気づけなかったことに気づく、それ自体に意味があることを理解してほしい。呼吸から意識がそれても失敗ではなく、根気が欠如しているわけでもない。呼吸に気づき、忘れたことに気づけばまた戻る、それだけだ。

サマタ（止）瞑想では、心を鎮めることが第一である。そうしていると、自然に心に浮かんでくる物事に気づけるようになる。同じことばかりが繰り返し意識に上ってくるのに気づくこともある。たとえば体の痛み、怒りや怖れなどの感情だ。それらは自分を主張し、呼吸から気をそらさせようとするかのようだ。

瞑想を始めたばかりでも、気づきの範囲を広げ、邪魔してくるものを包み込んでもいい。または一時的に呼吸を離れ、気持ちをそらさせる刺激に気づきを向けてもいい。呼吸と同じくしばらくそれに意識を向けていると、自然と心が穏やかになり、問題ではなくなってくる。重荷が少しでも軽くなれば、再び呼吸に戻ることができる。

初心者から、どのくらい坐ればいいのかよく聞かれる。じつは私にもわからない。十週間の初心者向けのクラスでは、最初十五分前後から始めて一時間まで坐れるようにする。平日のクラス以外に、ほとんど毎日自宅で行う瞑想を含んで組み立てている。

リトリートでは、坐る瞑想（坐禅）が一時間に及ぶこともあるが、だいたいが四十五分程度である。初心者には、限界と感じた時間を少々超えて坐るよううながしている。苦行にならない程度の挑戦だ。挑戦がないとやる気が失せる。反対に苦痛が大きすぎると、気持ちがくじけて投げ出すことになりかねない。

長時間坐ったときでも、瞑想の終了がマインドフルネスの終わりではない。肝心なのは、呼吸の観察をするのと同じ注意力を、シャワーを浴びる、朝食を取る、家族と話すときなどに、くまなく行き渡らせることだ。

坐って呼吸に気づくのは極めてシンプルで、ある意味何の努力もいらない。私たちの最終目的は、生活のあらゆる場面で極力マインドフルに行動することである。

初心者向けの瞑想をどれほどやれば、次の段階に行けるのかともよく聞かれる。それもまた答えに窮する質問だ。私はいつも、瞑想になじんで心に穏やかさと安定がある程度定着するまで、呼吸への気づきを続けなさいと言っている。

雑念が止まるわけではないが、それが起きたらすぐ気づき、呼吸に戻れるようになる。思考はあってもそれに巻き込まれず、あなたはその生起と消滅を冷静に見ることができる。

十週間の入門クラスでは、七週目か八週目に次のステップに進むことが多い。九日間のリトリートでは終日瞑想を続け、三、四日後には次へと進む。しかし必ずしも切り替える必要はないと伝えている。呼吸の気づきにとどまりたければ、それでもまったくかまわないのだ。

呼吸の気づきは気ままな遊びとは違う。すでに書いたように、それは深遠な実践であり、取り組めばそれだけ制限を超えて深まっていく。無理して進もうと思わなくてもいい。意識的な呼吸が、自ずから最後の目覚めまで導いてくれるからだ。

第二段階ではさらに広い領域が開かれる。無制限の気づき、文字通りの無限へと開かれていく。まず坐って呼吸に集中し、心がある程度鎮まった時点で、体、心、周囲に起こるすべてに気づきを広げる。呼吸を保ち、それを錨《いかり》のように用いる。呼吸への意識を手放してもいいが、このやり方は多くの人に向いているだろう。

それから、呼吸の邪魔になる散漫さの原因と感じるすべてに気づきを開いていく。今までそれらは背景にあり、呼吸が焦点だった。今度は逆にそれらが焦点になり、呼吸が背景に退く。瞑想が深まり意識が細やかになると、焦点も背景もともに消えてゆく。そこには、すべてが同時に生起する分離のない場があるだけだ。

どこにいても、まわりより静かな瞑想ホールの中でさえ音はある。部屋の内にも外にも音は存在する。体には痛みや緊張、ゆるみやくつろぎなどの感覚がある。匂いがしたり、風が吹いて来ることもある。思考も起こっている。

呼吸の気づきを保ちながら、思考に巻き込まれないように注意するが、心をよぎる様々な思考にもしっかりと気づいている。心の思考と体の感覚が作る、怖れや悲しみなどの複雑な感情もあるだろう。それらすべてが来ては去る様子は、観察対象としては呼吸の気づきより複雑だ。しかし呼吸の観察は、それらのいっそう複雑な観察への準備になる。

多くがいっぺんに起こる極めて複雑な状況の中では、思考にさらわれることもある。そのときはいったん呼吸に戻り、心が落ち着くまで二、三回数えるか、瞑想の残り時間を呼吸の気づきだけにとどめてもいい。あきらめてもいいわけではない。それは自分の現状を知り、瞑想に最良の方法を見つける智慧なのだ。

あえて言うなら、この方法は複雑でも困難でもない。学びの要は、呼吸の気づきから入り、「すること」をできるだけ減らし、最終的には何もせずただ存在する状態で体験を受け入れられるようになることだ。

散漫な心は治まり、ありのままのこの瞬間をマインドフルに体験する。特別な何かは起こらないだろう。あなたはただある現象とともにいる。その瞬間こそあなたの人生だ。

私たちには休まず行動し続ける癖があり、まわりを変え、状況を改善しようとばかりしている。何もしないことは難しい。しかしじつは、それほど簡単なことはないのだ。ただ坐って体験を待つだけなのだから。

そうするうちに、サマタとヴィパッサナー（止と観）のふたつの段階が、難易度や基本と応用の違いではないことに気づくだろう。どちらも瞑想の一面であり、ある状況では一方がふさわしく、別の状況ではもう一方がふさわしい。

そのうち技法が呑み込めてきて、気づきの焦点を呼吸から広げて行ったり、呼吸に戻ってくることも自由になる。サマタとヴィパッサナーは右手と左手のように支え合いながら働く。心が穏やかになり安定すると、より深い洞察が可能になる。そして洞察は心を鎮めるのだ。

進んだり退いたりする最良の方法があるわけではなく、もちろん完璧な方法もない。この瞑想に完璧さはなじまない。気づきの瞑想にはたどり着くべき終わりはないのだ。これから先の人生は、気づきが大いにあなたの支えになるだろう。

原注

◇1　同じ瞑想について、私の著書『呼吸による癒し　実践ヴィパッサナー瞑想』（井上ウィマラ訳　春秋社　二〇〇一年）に詳述した。

◇2　相応部三十六の六 箭経（Sallatha Sutta）

◇3　『一滴の中の月　道元禅師の著述』棚橋一晃（North Point Press, 一九九五年）未邦訳

◇4　『ヨガを生きる』ヴィマラ・タカール（Delhi: Motilal Banarsidass, 一九七七年）未邦訳

◇5　長部十六　大涅槃経より

◇6　ダライラマ七世＝ギャルワ・ケルサン・ギャツオ『死に向かい合って生きる』中の「無常という現れの瞑想」より。Glenn H. Mullin（Ithaca, N.Y.: Snow Lion Publication 一九九八）未邦訳

◇7　引用元は前注6と同じ。

◇8　『人生と解放への仏教的視点～龍樹の〈妙なる花冠〉』（Jeffrey Hopkins: Ithaca, N.Y. :Snow Lion Publications, 一九九八年）未邦訳

◇9　『入菩提行論』より。スティーブン・バチェラー英訳。（Dharmasara, India : Library of Tibetan Works and Archives, 一九九二年）（＊訳注　河口慧海による原典からの邦訳『入菩提行』がある）

◇10　ウ・シーラーナンダ師による解説『マインドフルネスの四つの基盤』より。（Boston,

Wisdom Publication, 一九九〇年）未邦訳

◇11　『静穏の書（従容録）』厳陽一物よりトーマス・クリアリィ訳（Hudson, N.Y.: Lindisfarne Press, 一九九〇年）（＊訳注『従容録』は原典からの邦訳がある）

◇12　『ハートから直にやってくるもの』アチャン・マハーブワ著（Odorn Thani, Thailand: Wat Pa Baan Taad, 一九九八年）未邦訳

◇13　引用元は前注12と同じ。

◇14　韓国語から翻訳された禅師の言葉。

訳者あとがき

本書は、『Living in the Light of Death: On the Art of Being Truly Alive』Shambhala Publications（二〇〇〇年）の日本語訳である。

著者ラリー・ローゼンバーグの邦訳書は、『呼吸による癒し――実践的ヴィパッサナー瞑想』（二〇〇一年　春秋社刊）及び『〈目覚め〉への3つのステップ――マインドフルネスを生活に生かす実践』（二〇一八年　春秋社刊）とこれまで二冊が紹介されているが、本書『死の光に照らされて――自由に生きるための仏教の智慧』は、出版年代は前後するもののそれに続く三冊目となる。

著者は社会心理学の博士号を持ち、ハーバードなどの大学で教鞭をとるアカデミックなキャリアを持ちながら、ヨガに始まり、クリシュナムルティ、ヴェーダンタ、禅、そして上座部仏教のヴィパッサナー瞑想に至るまで、長年に渡って真摯に瞑想に取り組み、広範囲で徹底的な修行を重ねてきた。その歩みは本書の序章部分で詳しく述べられている。

ニューヨークのイーストサイドの下町に生まれ、父親はユダヤ教の導師であるラビの十四代目にもかかわらず無神論者で、先祖代々の信仰を含めて宗教的な傾向を持つものにことごとく反発した。それでも一族の事情だろうか、意に反して幼少のラリーさんに正統派ユダヤ教の教育を受けさせたのだ。それが著者のスピリチュアルな生き方の礎となったのは確かだろう。

出自を知れば人物の精神的な土壌がわかる。往々にして親子の生き方は反発し合い、たまさかひとつ飛んだ先々代と似通ったりするが、多くの人に覚えがあると思う。ラリーさんは、そうして代々の精神的な血脈を現代の社会に蘇らせたとも言える。

父は息子にとっての反面教師になりがちだが、その反面とはじつは自分の中に潜んで意識されなかった部分かもしれない。自らの本心に忠実であることにかけて著者は父ゆずりで、軍隊に所属しながら非暴力的な道を志願し、生命を重んじる道を歩むことを決心する。

そして最初の師〝バダラヤナ〟のもとで、生命を破壊する軍隊とは裏腹に、いのちの本質を見つめるために、あえて遺体を直接目にしながら瞑想することになる。その劇薬のような体験がのちの「死の気づき（マラナサティ＝死念）」の修行の門を開いた。

初期仏教の四念処経にはすでに墓地における瞑想が紹介されている。著者自身が万人向けでないと言うとおり、それは激しい瞑想だ。とりわけ死と隔てられた現代人にとっては衝撃が強過ぎるかもしれない。

真実とは言え、最終的で直接的な死を直視することは、私たち多くにとって困難だ。それより以前に、人間の心が作り出す〝想像上の死〟への怖れを見つめる実践の積み上げが必要だろう。怖れの正体に光を当てれば、暗闇の蛇が縄であったとわかるように理解が生まれる。そうした日常にまぎれ込んだ怖れを観察することから、本書はていねいに手引きしてゆく。

私が本書が章ごとにたどる「常習観察経」に最初に触れたのは、私の瞑想の師である禅僧ティク・ナット・ハンの『怖れ―心の嵐を乗り越える方法』（徳間書店刊：拙訳）だった。「常に心に銘記すべきこと」を名に冠するその経典がとりわけ特別なものになったのは、京都でのリトリートの縁で通訳を務めたナット・ハン師の直接の弟子で在家の瞑想講師（ダルマ・ティーチャー）ラリー・ウォード氏から、「私は毎朝必ずこの経を唱えてから一日を始める」と聞かされてからだ。

世界中をめぐりながら夫婦でマインドフルネスの実践を伝えるウォード氏は、高齢で耳の手術のすぐれない予後に苦しみながらも、人生で逃れられない生老病死の宿命を見つめ、リトリートにおいてもできる限りの誠実を尽くそうと努めていた。その姿と決意に、通訳として常に随行した私は身が引き締まる思いがした。

それからもホスピス医クリストファー・カー氏による『最期に見る夢―終末期体験の奇跡』（新泉社刊：拙訳）の翻訳を通して、死にゆく人々が死の間際に人生全体を照らし出しながら、すい星のようにあの世へと赴いてゆくストーリーを詳細に読むことができた。それは希望と絶望のすべてを飲み込む大河のような圧倒的なリアリティで迫ってくる。彼らの言葉は、「いつまでも生きるから大丈夫」と思っている私への鉄槌となった。

それら数年間の翻訳作業中に、符合するかのように私自身にも多くの近しい人々の死が訪れた。その中でもっとも大きかったのは、ほかならぬ父の死であった。

母はすでに二十年前に亡くなったが、手術待ちで入院中の突然死だったため、死に目に会うことはできなかった。残された父は長く独り身で自立した生活を送っていたが、最後は介護施設に入りながら一日一句の習慣を欠かさず、自己を律した生活を送った。

癌を患った父に弟や親戚の者と付き添ったが、最末期に共に過ごす時間が長く与えられたことはありがたかった。最期の九時間を父の傍らで夜通し過ごした。話しかけたり体をさすったりしながらも、実際には沈黙の時間がほとんどを占めていた。父とそれほど長く沈黙を共有した体験はそれ以前にはない。

その沈黙の中で、呼吸だけを感じる瞬間があった。言語が止むと自ずから呼吸へといざなわれたのだ。夜の静寂の中では沈黙が呼吸そのものであった。

呼吸は身体的な営みである。横隔膜を含む肺を取り巻く多くの筋肉が連動し、空気を取り込み、押し出す。それは同時に心の働きにじかに影響する活動であり、呼吸の静まりは感情の静まりにつながる。身心一如はそうして呼吸を仲立ちに瞬間ごとに生起する。呼吸―体―心は生きるダイナミズムそのものだ。

しかし、さらに生命現象としての呼吸を超えて気づいたことがある。呼吸がひとつになると、互いの分離意識が消えてひとつになる。ひとつの呼吸、ひとつの存在。そのうち父の呼吸は弱まり、感じ取れなくなっていく。私たちは、一回の息も逃すまいと死にゆく人の口元を凝視する。

ついに父の呼吸が止まり、私たちの呼吸が残っても、肉体と精神のさらに基盤にある自他不可分の「存在の呼吸」は残っていた。共有されていた呼吸は父の肉体が亡くなっても続く。その感覚は父が〝ともにいる〟実感を強めてくれた。呼吸の引継ぎこそ、父が死の間際に私に教えてくれたことだった。

この十数年ほど、毎朝父母を含む先祖の祭壇に挨拶しているが、父の看取り以来、祈りに実感が加わった。祭壇の集合写真の中でも年々〝あちら側〟へ赴く人を数えるようになった。しかし、縁のある一人ひとりと共有された体験はそのまま残っている。「死者と共にある」感覚は、「共有されたものは失われない」実感そのものだ。

父の逝去から数年たったつい先日、彼が青春を過ごした仙台の陸軍幼年学校（将校養成所）跡地に、弟と散骨に行ってきた。それは埋葬の締めくくりであり、同時に父の足跡をたどり、託されたものを確認する旅となった。

戦災復興記念館に立ち寄ったのは、空襲後の仙台で父が復興を手伝ったという話を聞かされていたからだ。パネル展示されたモノクローム写真のどこかに青年時代の彼が見つからないかと凝視した。

戦争を生き延びた仙台の人たちの証言集を持ちかえり、自宅で精読した。体験を言葉にすることが叶わず亡くなった多くの人々のことも思われた。犠牲者は数で示されることがあっても、一人ひとり違った名を持つ個人である。それぞれの生き方、亡くなり方は違う。言葉に触れて胸にとどめることが、死を死で終わらせないことだと振り返り思う。死で終わらないとは、思いを引き継いでいくこと、言葉を覚えることでもある。ディズニーのアニメ映画の「リメンバー・ミー」では、二度の死が描かれていた。ひとつは肉体の死、二つ目は人に忘れられることによる死である。

広島の原爆忌にこれを書きながら思うのは、「亡くなった方をさらに死なせてはならない」ということだ。お盆がもうすぐやってくるが、墓に行って手を合わせるのも、私と縁がある先祖を覚えて生かし続ける行為とも言えるだろう。


不思議な一致ながら、本書執筆時のラリーさんの年齢は訳者の私と同年齢である。老いにまつわるある事件が、本書ではユーモラスに紹介されている。地下鉄の車中で席を譲られた体験だ。ヨガや瞑想の研鑽を積んだ著者は自分が高齢者とは露ほども思わなかった。それでも外見上は席を譲られるような歳であることにショックと落胆を隠せない。

この個所に共感を覚えながら、私も現実には死よりも老いに差し迫ったリアリティを感じる。常習観察経には「死はいつ訪れるかわからない」とあるが、ラリーさんと同年である私が加齢を身体的に実感することが多いからだ。

自己イメージと現実とのずれは、年々人が感じざるを得ない残酷な事実だ。今年になってから身心の不調に悩んだ私は、今までにない回復の遅さに「もう二度と以前のように生活できなくなるのではないか」という怖れにとらわれた。

その際に、マインドフルに身体感覚を観察するボディスキャンで「無視せず、無理やり変えようともせず、慈悲の眼差しで見守る」というプラクティスが助けになった。私自身「寄り添いの瞑想」と名づけて実践し、伝えていることだ。

マインドフルネスの気づきの眼差しは、移ろいやすい身心の状態を包み込むように注ぎ、緊張をやわらげ、スペースを作ってくれる。スペースがあれば穏やかな心で見つめることができるようになる。「そうあるべき」という教育と強固な思い込みによって、自己イメージが創作されてきたことも見えてきた。

「健やかな老化」においては、自発的な細胞の死であるアポトーシスによって、肉体は死に向かってある意味「負の成長」を進行させ、やがては枯れるように衰えてゆく。そのとき「無視せず、無理やり変えようともせず、慈悲の眼差しで見守る」姿勢があば、老化の波に乗ることができるのではないだろうか。

能力的には制限が増えるが、それは必要なことが絞られていく過程でもある。小欲知足を心がけながら、今本当に必要なことは何か?を問うことが、人生最終盤の課題になるだろう。優先順位は自ずから決めなければならない。

優先順位と言えば、聖書の言葉「何よりもまず、神の国と神の義を求めなさい。そうすれば、これらのものはみな加えて与えられる。だから、明日のことまで思い悩むな。明日のことは明日自らが思い悩む。その日の苦労は、その日だけで十分である。（マタイによる福音書六章三三～三四）」が想われる。

神の国と神の義とは何だろう? 宗教的文脈を離れても、人生後半にはとりわけ重要な言葉だ。最重要のことにフォーカスし、心配を手放すこと。私たちに心配は手に余る。気力と体力が衰える高齢になってからは、何にエネルギーを注ぐのか待ったなしだ。若いころにはすべてが重要に思われる。しかし人生において本当に、これだけは欠かすことのできないものとは何だろうか? それは生きている間にしかできない選択に直結する。

私たちはいつか死ぬ。通りを行く一人ひとりを見ながらの瞑想が本書に紹介されているが、人を通して自分の定めが思われる年頃になった。黄昏無常偈《こうこんむじょうげ》には「如少水魚《にょしょうすいご》斯有何楽《しうからく》」（干上がる水たまりの魚に何の楽しみがあるだろう?）とある。気が進まないにしろ、それは死に向かうイメージのプラクティスだ。

老化について書いたが、実際に私たちはいつ死ぬかわからない。朝目覚めたときに、それを実感するために、私は呼吸に気づきながら微笑む実践を続けている。何はともあれそうして「生きている」ことを確認し、今日一日を生きる意識を明確にする。ぼんやりと生きて死ぬことは恐ろしい。

ラリーさんは、本書の後半で「初心」「未知の心」を生きるように勧めている。この一瞬が新たであることを意識し、来し方や行く末にこだわらなければ、どんなに心は軽くなるだろうか。事実私たちは今この瞬間にいるのだから。その軽さを感じれば、不必要な物質的、精神的な重荷を降ろすことができる。

ティク・ナット・ハン師は、伝統的な仏教を一般人が生活に応用できるように、著書や瞑想指導や法話によって伝え続けてきた。なかでも、「五つのマインドフルネス・トレーニング」は伝統的な五戒の応用で、日常のマインドフルネスの言葉「ガーター」は寺院の修行に使われる偈頌《げじゅ》の携帯版だ。それらはつねに思い出しつつ忘れない（常習観察）ための具体的なツールである。

本書が最終的に触れるのは「自我の死」＝生きているうちに私という幻想を手放す、あらかじめ私への執着を手放すことである。聖書に「一粒の麦が、地に落ちて死ねば、多くの実を結ぶ（ヨハネの福音書十二章二四節）」という箇所があるが、私たちが種として多くの実を結びうる存在であること、そのためには自我に死ななければならないことを再確認させられる。

それがすぐとりかかるべき実践ならば、「肝心なのは、『死ぬ前に生きて』いるのかどうかだ。私たちは今生きているか？ 死を意識しながら生きる、そのとき初めて人は本当に存在できる」（二六二ページ）著者のこの言葉が俄然光を放ってくる。

その実践のうながしが二八ページにキーワードとして取り上げられている「サムヴェーガ」である。死を想えば、今の生き方に目覚める。本書はその強烈な熱情から入って、ブッダの説いた生老病死の苦への対処をめぐり、最終的に「親しみ」という言葉で実践をまとめている。

親しみの心は、私が実践してきた「寄り添いの瞑想」と同様に、対象がどんな状態でも共に居続けるあり方だ。それは呼吸と、身体感覚と、心と、あらゆる現象と親しむ。ふだんから親密さを育む実践を重ねることが、「思わぬ不意打ち」への最良の備えになるだろう。

思えば父が晩年部屋にこもりながら毎日のように書きつけていた俳句は、父が自らの人生に親しむための創作だった。その中に妻である私の母の句が頻出したこともうなづける。私は子として、俳句を通して父の人生に親しむことができる。

どんなときでも共に居ることは、父の看取りの際の「存在の呼吸」でも体験した。幸せとは条件をそろえてこしらえるものではなく、いかなるときにも共にいる体験それ自体なのかもしれない。

私は現在山村に暮らしながら、村の役を引き受け、高齢化の実態を目の当たりにしている。限界集落というほどではないが、このままいけば十年後に人口が激減することは間違いない。

ひとり暮らしの高齢者世帯も増えている。自治会としてどうすれば彼らを孤立させずにすむのか、行政に頼るばかりでは間に合わないのが実情だ。地縁・血縁によって結ばれた古いコミュニティが崩れていく一方で、新しい関係の作り直しの必要性を痛感する。居住者だけではまかなえない草刈りや剪定、土手の補修などが、最近は近隣の友人たちの助けで可能になっている。作業のあとのお茶の会話で語られるのは、これからの夢だ。地元の高齢者の重荷となっている里山の自然が、彼らには宝に見える。

かつて自然と共にあった、ただその地に生き、その地に死ぬ。そうしたありかたが、思いがけぬ再生の萌芽を見せ始めている。私たちはひとりで生きて死ぬにはとどまらない。共に生き、共に死ぬコミュニティの可能性を感じている。

ひとり暮らしの孤立が、社会問題として取り上げられるようになった。人は社会的動物だという。師であるティク・ナット・ハンのコミュニティでは、実践は必ずサンガ（実践の仲間）とともに行いなさいと言われている。ひとりで瞑想するときにも、つねにそこには他とのつながりが意識される。

つながりと共に瞑想するとき、私たちはいのちのネットワークの中にいる。そのとき、死んでも死なないいのち——個を超えたいのちの継続があるだろう。最終的にコミュニティとは、生死を共にするということではないだろうか。

本書の翻訳に十分な時間をかけて取り組むことができたのは、編集者である株式会社薄月の青柳宏作氏の粘り強い伴走のおかげだ。また、三十年来の友人である井上ウィマラ氏には、翻訳の注や巻末の詳細な資料、細部についての打ち合わせに至るまで、仕上げの段階で多くのサポートをいただいた。また死をめぐって様々な思いをかわした師や友人たち、父や叔父を初めとして近年別れを告げねばならなかった多くの縁者にも支えられた。すべての方々に感謝する。

また今回も長期にわたって心身両面で支えてくれた妻さなえと、十四歳になった息子の幸弥には、人生の最後まで共にできるありがたさをとりわけ強く感じている。老いていくのも悪くないと思えるのは二人のおかげだ。

酷暑の広島原爆忌に　丹沢山中のゆとり家にて　島田啓介

仏教瞑想についての解説と資料

井上ウィマラ

仏教瞑想についての解説と資料

井上ウィマラ

本書で「死の気づき」と訳されている maraṇa-sati（マラナ・サティ）は、漢訳では「死念」と訳されてきた。sati（念・マインドフルネス）が「思い出すこと」を語根とするパーリ語であることを考えると、死念はキリスト教のメメント・モリ（死を忘れないように努めることによって生を充実させようとする実践）に通じる瞑想である。アショーカ王（紀元前二六八頃〜前二三二年頃）の時代には仏教伝道のために使者が遣わされ、ギリシャ地方や死海周辺の中東にもブッダの教えが伝えられていたようである。マラナサティの実践が、キリスト出現を準備したユダヤ教の密教であるエッセネ派などを介してキリスト教神秘主義に秘かに伝えられていた可能性を想像してみることは、宗教を超えて死から学んできた人類の智慧について思いを巡らす楽しみを与えてくれる。

ブッダの教えに戻ってみる

さて死念については、増支部（Aṅguttara Nikāya, AN）第六集（六つのテーマを持つ教えをまとめた集成）

の「憶念すべきものの章（Sāraṇīya Vagga)」に二経が収録され、『清浄道論（Visuddhi-magga: 五世紀ころブッダゴーサ（Buddhaghosa）によって編まれた仏教瞑想についての最も総合的な解説書)』第八章において「繰り返し思い出すべき瞑想対象（anussati-kammaṭṭhāna)」の一つとして解説されている。

増支部の第一経（AN.III. 303-306.）では、ブッダが「多くの効果をもたらし不死に到達する修行法」として死念を推奨すると、比丘たちは「あと一昼夜命があるとしら、その間にブッダの教えを実践します」、「あと半日命があるとしたら、……」、「あと一回食事をするあいだ命があるとしたら、…」、「あと一口食べるあいだ命があるとしたら、……」、「あと一呼吸するあいだ命があるとしたら、その間にブッダの教えを実践します」などと答える。それを聞いたブッダは、まだまだ彼らに切実さが足りないことを指摘して、『『一口食べるあいだしか命が残っていない』、『一呼吸するあいだしか命が残っていない』と、そのようにいつ死んでもおかしくはないことを忘れないようにして、寸暇を惜しんで修行することが不放逸に生活することであり、漏れ出る煩悩を根絶するために死念をしっかりと修行することである」と激励する。死念の修行は、このようにしてすべての修行法の中に、無我や空を理解して解脱を体験するための切実な姿勢の涵養法として埋め込まれている。

第二経（AN.III. 306-308）では、ブッダは自ら具体的に死念の実践法を次のように説明している。私たちは蛇に噛まれたり、転んで頭を打ったり、食中毒や突然の体調不良に襲われたりして、いつ死の危険に襲われるかわからない。そんな時にこそ、「私には手放すべき不善の法がないか?」と振り返ってみるべきである。そしてもし不善の法があれば、大きな意欲と努力と不退転のマインドフルネス

（気づき・注意深さ）と正しく見極める智慧をもって、その不善の法を手離すべきである。それはあたかも、自分の衣服や髪の毛に火がついたら（āditacelo vā ādittasīso vā）即座に必死で消し止めなければならないようなものである。そうして手離すことができた時には、その喜びをもって、残された時間をさらに良き法を身につけるように努力してゆくべきである。

死念は、「頭燃（ずねん）を払うがごとく坐禅すべし」という道元や源信ら祖師方の教えの源となったブッダの教えであった。そしてまた、吉本伊信（一九一六〜一九八八年）が現代的に整備した内観の原点となった「身調べ」における、「今死んだら、後生はどこになるか？」を問い詰めてゆく実践にも受け継がれていた。そしてもちろん、キリスト教のメメント・モリにも通じるものである。死を思うことを契機として今ここの生を充実させ、究極の幸せである涅槃を目指して今のこの瞬間を生き切るための教えである。

あらゆる死の可能性を想起してみること

『南伝大蔵経六三　清浄道論二』（大蔵出版、一〜二四ページ）における死念の解説では、寿命を全うした大往生のような死に方から、突然の非業な死に至るまで、あらゆる死の可能性を具体的に思い描くことが説かれている。そこでは、受精した瞬間から私たちの人生は死に向かって進んでいることが説かれており、胎児のうちに死ぬこと、出産における死、成長過程での事故死、病死を含めて出来るだけ具体的に思い描いてみるように教えられている。そしてブッダを含めたどんなに偉大な人でも死を免れることはできないこと、何時何処で死ぬかは誰にもわからないこと、さらにこの身心は地球の生態系に根を張り、その命は微妙なバランスで平衡状態を保ちつつも、いつどの瞬間にそのバランスが崩れて死を迎えてもおかしくはないことを考察すべきであると説かれている。

ブッダの教えに触発された多くの瞑想修行者たちが、当時のあらゆる先端的知見を総動員しながら、切迫感をもって死を身近に感じられるように、生と死の深くつながり合った在り様を詳細に思い描いていった様子が伝わってくる。

sati の訳語を巡って

冒頭でも触れたように、sati は「思い出す」ことを意味する動詞 sarati の名詞形で、「思い出すこと、忘れないようにすること、記憶」などを意味し、漢訳では「念」と訳されてきた。ゲティン（Rupert Gethin, 一九五七年〜）"On some definitions of mindfulness"（二〇一一年）によると、satiを最初にmindfulnessと英訳したのはリス・デイヴィッズ（Thomas William Rhys Davids, 一八四三〜一九二二年）であり、一八八一年頃からの試行を経て一九一〇年に長部経典第二七経の Mahāsatipaṭṭhāna-sutta（大念処経）を The great discourse of establishments of mindfulness と訳して解説したことを機に定着したようである。

こうした学術的な流れを受けて、カバット・ジン（Jon Kabat-Zinn, 一九四四年～）が一九七八年にマインドフルネスに基づいたストレス低減法（Mindfulness Based Stress Reduction: 以下MBSRと略称）を創始して、現代的マインドフルネスの流行現象に火が付けられた。分子生物学者だったカバット・ジンは、参加前とプログラム終了後のアンケート結果を統計解析するエビデンスに基づいたアプローチを採用して、医療や心理療法の主流に受け入れられる素地を切り拓いたのである。

さて、この sati が経典の中でどのように使われ、それに関連した観察法がどのように描写され訳されてきたのかを概観することによって、死念の土台となっているマインドフルネスについて情報提供してゆきたい。

satipaṭṭhāna について

satipaṭṭhāna は、sati と paṭṭhāna の合成語であり、「マインドフルネスの確立（establishments）」と訳されるのが一般的である。漢訳では、「念処」とも「念住」とも訳されてきた。ところが、経典の中では sati と paṭṭhāna（確立・基盤）の組み合わせではなく、sati と upaṭṭhāna（近くに立つこと・世話すること・ケア）の組み合わせで使われることが多い。この場合には、「マインドフルネスによるケア」あるいは「マインドフルであることそのものがケアである」という解釈が成立する。

出家修行者の生活規範を集めた『律蔵（Vinayapiṭaka）』には、出家修行者たちは病気になった時には看取りを含めて最期までお互いに世話し合い助け合うことが説かれている。修行者たちはブッダの教えに従って、マインドフルに相互看病を実践したようで、「よき看病者となるための五条件」や「看病しにくい患者の五条件」なども記されている（『看護と生老病死：仏教心理で困難な事例を読み解く』井上ウィマラ、三輪書房、二〇一〇年、四〇～六三ページ）。

マインドフルネスは、自分を見つめるだけではなく、他者を見つめ、自他の関係性を見守ってゆく間主観的な観察法として実践されていたのである。このことが、近年トラウマ治療やグリーフケアの領域においてもマインドフルネスが中核技法として取り入れられるようになった理由だろう。

マインドフルネスの瞑想対象

『念処経（Satipaṭṭhāna-sutta）』（中部／Majjhima Nikāya, MN.I.55-63.）では、瞑想対象が身体、感受、心、法（心身相関現象とその法則性）という四領域にわたって、十三グループに分類されている。

身体（kaya）　①呼吸、②姿勢（行住坐臥）、③日常行為、④身体を構成する三十二の部分、⑤地水火風の要素、⑥墓場における死体の崩壊過程

感受（vedanā）　⑦快・不快・中性の身体感覚

心（citta）　⑧心が貪瞋痴のいずれに染まっているか、集中しているか散漫になっているか、囚われているか解放されているかなどの状態分析

法（dhamma）　⑨心を曇らせる五つの働き（五蓋）、⑩人間を構成する五つの集合体（五蘊）、⑪感覚器官と認知の発生プロセスの観察、⑫解脱に導く七つの働き、⑬四つの聖なる真理（苦、苦の原因、苦の消滅、苦滅に至る実践）

本書で取り組まれている「死の気づき」は、身体に関する観察の④と⑥が組み合わされたものとして実践されている。

このようにマインドフルネス瞑想では、日常生活における心身相関現象の全てが観察対象となり得る。換言すると、マインドフルネス瞑想が深まってゆくと、瞑想対象にならないものはないのである。そのことを理解してもらえるように、『念処経』においてsatiに関連する観察法を表現する言葉を列挙してみよう。

anupassī viharati
（繰り返し見つめながらすごす・生活する）

sato assasati, sato passasati

(気をつけて息を吸い、息を吐く)

pajānāti

(息の長短、感覚、認知などのプロセスを遍く知る)

sabbakāyapaṭisamvedī assasissāmīti/passasissāmīti sikkhati

(全身を感じながら息を吸おう・吐こうと訓練する)

passambhayaṁ kāyasaṅkhāraṁ assasissāmīti/passasissāmīti sikkhati

(身体の動きを鎮めながら息を吸おう・吐こうと訓練する)

sampajānakārī

(日常行為の全てを正しく遍く知りながら行う)

paccavekkhati

（身体の構成要素などを省察する）

imameva kāyaṁ upasaṁharati

（崩壊してゆく死体の様子をこの自分の身体に重ねて見つめる）

yathābhūtaṁ pajānāti

（四聖諦をありのままに遍く知る）

マインドフルネスの観察戦略

呼吸から始まる観察対象は、感受、感情や認知のプロセスを含めてあらゆる現象に及んでいる。その意味するところは、観察する心が何かに気を取られて呼吸から離れてしまった時、その時に一番心をとらえているメイン対象に従って観察してゆけばよいということだ。そうした観察戦略を象徴する言葉が anupassanā である。接頭辞の anu は、「くり返して」という意味と、「従って」という意味を併せ持つ。

念処経に頻出するこの anupassanā という言葉は、観（vipassana）の同意語である。マインドフルネスはヴィパッサナー瞑想と等置されることもあるが、呼吸からはじめて、その時々に一番心をとらえている明瞭な対象を、その都度繰り返して見つめてゆき、落ち着いたらまた呼吸に戻る。これが共通の構造になっている。四領域・十三グループに分類した上記の表は、こうした観察戦略の中で、すべての対象がマインドフルネス瞑想の対象に絡め捕られてゆくネット構造を示しているものと考えてよいだろう。

洞察の定型句

こうした具体的観察に基づいて、十三グループの観察の最後には必ず洞察に関する定型句が置かれていて、そこでは以下のような表現が用いられている。

samudayadhammānupassī
（生起してくる現象を繰り返し見つめながら）

vayadhammānupassī
（消滅してゆく現象を繰り返し見つめながら）

samudayavayadhammānupassī

（生起し消滅してゆく現象を繰り返し見つめながら）

atthi kāyo ti vā pan'assa sati paccupaṭṭhitā hoti

（修行者には「（『私』が脱落して）身体（だけ）がある」という気づきが現前してくる）

この表現には、「私」という主体観念が消えて、呼吸や感覚や感情や思考だけが体験される無我や空に関する最も古い描写様式が残されている。「私」がコントロールしていなくても、呼吸はそれ自体で生起消滅していて、長短も深浅もその時の状況に応じて自ずから変化している。そしてそれは、いつ止まってしまってもおかしくはない永続する保証のない生命現象なのであった。こうした洞察が生まれると、次のような生き方が可能になると説かれている。

Anissito ca viharati na ca kiñci loke upādiyati

（依存することなく生活し、世界の何物にも執着しない）

そして、こうした修行者の生き方は同経の冒頭部で以下のように描写されている。

Kāye kāyanuppasī viharati, ātāpī sampajāno satimā vineyya loke abbhijjhādomanassaṁ

（身体において身体を繰り返し見つめながらすごし、熱心に、正しく遍く知り、マインドフルに世界の貪りと憂いを調伏してゆくべきである）

sati が広範囲で訳し分けられる理由

それではここで、記憶を語源的な意味に持つ sati が、自分が今していることを忘れないように自覚しておくことから、気づきや、真理の洞察に至るまでの広範囲で訳し分けられる原因は何なのか、その理由を考えるための思考実験を紹介しよう。

以下の通りに、自由に思い出してみてほしい。

①五年前のこと
②一年前のこと
③一か月前のこと
④昨日のこと
⑤一時間前のこと
⑥一秒前のこと

一時間前のことまでは、いつどこで誰と何をどうしていたかという5W1Hを使った言語的な思考で思い出すことができる。ところが、一秒前のことを思い出そうとしても、心を向けるだけで時間が経ってしまい、言語的思考では思い出すことができない。一秒前を思い出そうとしながらできることは、ただ呼吸や心臓の鼓動などを感じているだけ、見えるだけ、聞こえるだけの純粋体験と呼ばれる体験を感じていることだけである。言語的に思考する意識が成立する前の体験に自覚的に触れるこの体験を、筆者（井上）は「意識の微分体験」と呼んでいる。

ここで、あらためて考えてみてほしい。「私が、何時、何処で、誰と、何を、どうしていたか」という言語的思考が成立するためには何秒くらいの時間が必要だろうか？ それは、思考に必要な単位時間である。sati に基づいて繰り返し見つめる実践をしていると、さまざまな意識状態を遍く観察し洞察する機会に導かれるため、筆者にとってはこうしたテーマについて探求することが自然な流れになっていた。

この問いに最も科学的にアプローチしているのがスターン（Daniel N. Stern, 一九三四〜二〇一二年）の『プレゼントモーメント：精神療法と日常生活における現在の瞬間』（岩崎学術出版社、二〇〇七年）である。彼はそこで、言語的に思考する意識が成立するためには、少なくとも三〜四秒の時間を必要とすると述べている（前掲書五六ページ）。スターンは母子の間のやり取りを科学的に研究する中で、音楽体験の考察を含めて、人間的な意識の発生過程を探った。乳児は、言葉を話せるようになる前に、喃語によるコミュニケーションをしている。喃語は、発音、ハミング、唄、意味ある言葉をつなぐ要素を担うもので、成人のオノマトペにその残響を残している。

筆者は、意識の微分体験と言語的な「私」が成立するための単位時間についてのエクササイズを提供しながら、スターンの研究に出会い、二つをつなげて紹介するようになった。子育て中の両親たちからマインドフルネス指導を請われたご縁に導かれてのことであった。

自覚的に往復することの大切さ

このようにして念処・マインドフルネス（satipaṭṭhāna）の実践においては、純粋体験から感情や思考に支配された言語的意識まで、あらゆる意識レベルが体験的に観察される。こだわりが発生する以前の純粋体験、「私」意識の発生過程、思い込みやこだわりによって苦しみに囚われた状態、これらをありのままに繰り返し見守りながら自覚的に往来できるようになる。すると自縄自縛の苦しみを作り出していた執着や思い込みがほどけやすくなってゆくのである。

上記で紹介したブッダの多様な観察アプローチは、こうした意識の変容体験が自然に促進されてゆくための総合的な体系になっている。

自他を見守る間主観的実践

『念処経（Satipaṭṭhāna-sutta）』のもう一つの特記すべき特徴は、以上の全ての観察が自分を見つめるだけではなく、他者を見つめ、自他の間に展開する関係性を見つめるという三つのモードで観察するように促されていることである。経典では、内（ajjhatta）と外（bhahiddhā）と内外（ajjhatta-bhahiddhā）という言葉で表現されている。

ブッダが、呼吸をはじめとするあらゆる瞑想対象を間主観的な視点から観察することを教えていたことは驚くべき慧眼であった。今でこそ、リゾラッティ（Giacomo Rizzolatti, 一九三七年〜）らによって一九九六年に発見されたミラー・ニューロンの研究から、自他という観点を含めて、人間が共感的関係性の中で言語を獲得するためには、映し合う神経系の働きが必須のものであったことが科学的に解明されてきている（『ミラーニューロン』紀伊國屋書店、二〇〇九年）。ブッダは、おそらく唄や演劇などの観察や、人間の言語獲得や主観的観念の発生過程をつぶさに観察することによって、こうした映し合う関係性の中でのみ人間的な心や言葉や概念、そして実存的な苦しみが生まれてくることを直感的に見てとったのではないかと思う。

止観とチョイスレス・アウェアネス

このマインドフルネスは、伝統的に止観（Samatha-vipassanā）という二つの要素で説明されてきた。精神集中を意味する止は、三昧（samādhi）とも禅定（jhāna）とも呼ばれるもので、ひとつの対象のみに意識を集中させることで心の波長が整ってゆく。レーザービームのように波長が整った心の力は、言語や概念の壁を突き破って、真実に直接参入してゆく窓を拓いてくれる。そして真実に直接触れながら、常に変化し続けていること（無常）、自分の思い通りになるものではないこと（無我）、変化し続け思い通りに支配できないものは不満の痛みを与えること（苦）という自然の理が洞察されてゆく。

この洞察智を観（vipassanā）という言葉に託し、無常・苦・無我の三特相を深く理解し納得してゆくことによって解脱へと導かれてゆく。寺院の山門には三つの入口があるのは、解脱に到達するためには無常・苦・無我のいずれかの洞察をくぐらなければならないからである。

経典には観という言葉が登場することは少なくて、その代わりに anupassanā（随観、くり返し見つめること）という言葉が多用されている。こうして呼吸を見つめることからはじめて、さまざまな所に惹かれてゆく心をそのつど繰り返して見つめていくうちに、上記の四領域十三グループにまとめられた瞑想対象群のいずれかを経巡って、三解脱門に向かって瞑想の旅が続けられてゆくのである。

その時、私たちは次に何を観察しようかと思案する必要はない。その時に心をとらえている対象、心に一番明晰に現れて来ている対象に従って観察してゆけばよいのである。クリシュナムルティのチョイスレス・アウェアネスとは、この随観の言い換えなのであった。著者のラリーが高く評価しているように、マインドフルネス研究者たちの多くもチョイスレス・アウェアネスに惹かれて瞑想とその研究に入ってきているようだ。そうであればこそ、anupassanā とチョイスレス・アウェアネスが同根であることを知っておくことが役に立つだろう。

止観の組み合わせ方

止観における集中力と洞察力の組み合わせ方については、AN.II.156-157（テーマの数でまとめた経典の四テーマ部の修行道に関する章）に以下の四つの方法がまとめられている。①先に集中力を養成してから洞察力を修行する。②洞察力を修行してから集中力を養う。③集中力と洞察力を交互に組み合わせて修行する。④スピリチュアルな高揚がおさまった後で心が内面に安定・集中して道が開ける。

経典の記述の中では①が最も一般的な修行の進め方であり、専門的に瞑想修行をする人たちは②と③を含めたいずれかの方法による。その人の性格に合った仕方に合わせるのがよい。これらに対して④は、瞑想修行に関心のない人たちでも何かの拍子にスピリチュアルな体験をすることがあり、その高揚がおさまった後で心が落ち着いた時にふさわしい機縁があると解脱に向けた道が開けることがある。組織的・教義的な宗教には関心がなくても、スピリチュアルなものを大切にするタイプの現代人には合ったアプローチかもしれない。

原典の紹介

解説はこれくらいにして、以下に本書で使われている経典のいくつかを翻訳して紹介しておこう。読者が、ラリーに導かれてブッダの瞑想法に触れ、さらに深くブッダの息吹にふれたいと思うようなこともあるだろう。そんな時に読んでいただければ嬉しく思う。

●「男女や僧俗を問わず絶えず省察すべき五法」（増支部／Anguttara Nikāya, AN.III.71）

これは、僧俗を問わず誰でもがいつも振り返ってみるべき教えである。原典には、項目の後に詳しい考察法が添えられている。そこでは、実際に解脱の智慧が生まれる瞬間についてと、その後にどのようにしてその洞察を育ててゆくかについても語られている。

比丘たちよ、女性であれ男性であれ、在家であれ出家であれ、これら五つの事柄について絶え間なく省察してみるべきである。

一　「私は年老いる運命にあり、老化を超えることはできない」と、絶え間なく省察すべきである。

二　「私は病気になる運命にあり、病気になることを超えることはできない」と、絶え間なく省察すべきである。

三　「私は死ぬ運命にあり、死を超えることはできない」と、女性であれ男性であれ、在家であれ出家であれ、絶え間なく省察すべきである。

四　「私はすべての愛する人々・気に入った人々と別れる運命にあり離れる運命にある」と、

女性であれ男性であれ、在家であれ出家であれ、絶え間なく省察すべきである。

五　「私は業を背負う者であり、業を引き継ぐ者であり、業から生まれた者であり、業に縛り付けられた者であり、業を拠り所とする者である。善き行いであれ、悪しき行いであれ、ある行いをすれば、その業の結果を引き継ぐ者となるであろう」と、女性であれ男性であれ、在家であれ出家修行者であれ、絶え間なく省察すべきである。

ではどのような意味合いにおいて、比丘たちよ、「私は老いる運命にあり、老いを超えることはできない」と、女性であれ男性であれ、在家者であれ出家修行者であれ、絶え間なく省察すべきなのであろうか？

比丘たちよ、衆生には若さにおいて若さの驕りがある。その驕りに酔いしれることによって身体による悪行を行い、発話による悪行を行い、意による悪行を行ってしまう。その根源となるものを絶え間なく省察していると、若さにおける若さの驕りの全てが捨て去られるか、弱められる。比丘たちよ、このような意味合いにおいて、「私は年老いる運命であり、老いを超えることはできない」と、女性も男性も、在家者も出家者も絶え間なく省察すべきである。

では比丘たちよ、どのような意味合いにおいて、「私は病気になる運命にあり、病気になることを超えることはできない」と、女性であれ男性であれ、在家者であれ出家修行者であれ、絶え間なく省察すべきであるのか。

比丘たちよ、衆生には健康について健康の驕りがある。その驕りに酔いしれることによって、身体による悪行を行い、発話による悪行を行い、意による悪行を行ってしまう。その根源となるものを絶え間なく省察していると、健康についての驕りの全てが捨て去られるか、弱められる。比丘たちよ、このような意味合いにおいて、「私は病気になる運命にあり、病気を超えることはできない」と、女性であれ男性であれ、在家者であれ出家修行者であれ、絶え間なく省察すべきである。

では比丘たちよ、どのような意味合いにおいて「私は死ぬ運命にあり、死を超えることはできない」と、女性であれ男性であれ、在家者であれ出家修行者であれ、絶え間なく省察すべきであるのか。

比丘たちよ、衆生には寿命について寿命の驕りがある。その驕りに酔いしれることによって、身体による悪行を行い、発話による悪行を行い、意による悪行を行ってしまう。その根源となるものを絶え間なく省察していると、寿命について寿命の驕りのすべてが捨て去られるか、弱められる。比丘たちよ、このような意味合いにおいて「私は死ぬ運命にあり、死を超えることはできない」と、女性であれ男性であれ、在家者であれ出家修行者であれ、絶え間なく省察すべきである。

では比丘たちよ、どのような意味合いにおいて「私はすべての愛する人々・気に入った人々と別れる運命にあり離れる運命にある」と、女性であれ男性であれ、在家であれ出家であれ、絶え間なく省察すべきであるのか。

比丘たちよ、衆生たちには愛する人に対して貪りという欲望がある。その貪りに染まってしまうことによって、身体による悪行を行い、発話による悪行を行い、意による悪行を行ってしまう。その根源となるものを絶え間なく省察していると、愛する人に対する貪りという欲望の全てが捨て去られるか、弱められる。このような意味合いにおいて「私はすべての愛する人々・気に入った人々と別れる運命にあり離れる運命にある」と、女性であれ男性であれ、在家者であれ出家修行者であれ、絶え間なく省察すべきである。

では比丘たちよ、どのような意味合いにおいて「私は業を背負う者であり、業を引き継ぐ者であり、業から生まれた者であり、業に縛り付けられた者であり、業を拠り所とする者である。善き行いであれ、悪しき行いであれ、ある行いをすれば、その業の結果を引き継ぐ者となるであろう」と、女性であれ男性であれ、在家であれ出家修行者であれ、絶え間なく省察すべきであるのか。

比丘たちよ、衆生たちの身体による悪行があり、発話による悪行があり、意による悪行がある。その根源を絶え間なく省察していると、その悪行のすべてが捨て去られ、あるいは弱くなる。比丘たちよ、この意味合いによって「私は業を背負う者であり、業を引き継ぐ者であり、業から生まれた者であり、業に縛り付けられた者であり、業を拠り所とする者である。善き行いであれ、悪しき行いであれ、ある行いをすれば、その業の結果を引き継ぐ者となるであろう」と、女性であれ男性であれ、在家であれ出家修行者であれ、絶え間なく省察すべきである。

もし比丘たちよ、聖なる弟子が「老いる運命にあり、老化を超えることができないのは私一人だけではない」と省察し、「衆生たちの来し方、行く末、死と再生があるかぎり、すべての衆生たちは老いる運命にあり、老化を超えることはできない」と省察し、その根源を絶え間なく省察していると洞察の道（magga：解脱の四段階のそれぞれにおける、最初の一瞬の洞察を「道心(magga-citta)」と呼ぶ。その段階のその後に繰り返し生じる同様な洞察の心は「果心（phala-citta)」と呼ばれる）が開ける。彼はその洞察の道に親しみ、修行し、何回も繰り返して実践する。その洞察の道に親しみ、修行し、何回も繰り返していると、束縛が捨て去られ、潜在する煩悩が空っぽになる。

「病気になる運命にあり、病気を超えることができないのは私一人だけではない」と省察し、「衆生たちの来し方、行く末、死と再生があるかぎり、すべての衆生たちは病気になる運命にあり、病気を超えることはできない」と省察し、その根源を絶え間なく省察していると洞察の道が開ける。彼はその洞察の道に親しみ、修行し、何回も繰り返して実践する。その洞察の道に親しみ、修行し、何回も繰り返していると、束縛が捨て去られ、潜在する煩悩が空っぽになる。

「死ぬ運命にあり、死を超えることができないのは私一人だけではない」と省察し、「衆生たちの来し方、行く末、死と再生があるかぎり、すべての衆生たちは老いる運命にあり、老化を超えることはできない」と省察し、その根源を絶え間なく省察していると洞察の道が開ける。

彼はその洞察の道に親しみ、修行し、何回も繰り返して実践する。その洞察の道に親しみ、修行し、何回も繰り返していると、束縛が捨て去られ、潜在する煩悩が空っぽになる。

「すべての愛する人々・気に入った人々と別れる運命にあり、離れる運命にあるのは私一人だけではない」と省察し、「衆生たちの来し方、行く末、死と再生があるかぎり、すべての衆生たちは、すべての愛する人々・気に入った人々と別れる運命にあり、離れる運命にある」と省察し、その根源を絶え間なく省察していると洞察の道が開ける。彼はその洞察の道に親しみ、修行し、何回も繰り返して実践する。その洞察の道に親しみ、修行し、何回も繰り返していると、束縛が捨て去られ、潜在する煩悩が空っぽになる。

「業を背負う者であり、業を引き継ぐ者であり、業から生まれた者であり、業に縛り付けられた者であり、業を拠り所とする者である。善き行いであれ、悪しき行いであれ、ある行いをすれば、その業の結果を引き継ぐ者となるのは私一人だけではない」と省察し、「衆生たちの来し方、行く末、死と再生があるかぎり、すべての衆生たちは、業を背負う者であり、業を引き継ぐ者であり、業から生まれた者であり、業に縛り付けられた者であり、業を拠り所とする者である。善き行いであれ、悪しき行いであれ、ある行いをすれば、その業の結果を引き継ぐ者となる」と省察し、その根源を絶え間なく省察していると洞察の道が開ける。彼はその洞察の道に親しみ、修行し、何回も繰り返して実践する。その洞察の道に親しみ、修行し、何回も繰り返していると、束縛が捨て去られ、潜在する煩悩が空っぽになる。

病気になる運命にあり　老化する運命にあり　死ぬ運命にありながら
その運命にある衆生たち　凡夫たちはそのことを忌み嫌う
もし私が　このような運命にある生きものたちを忌み嫌うならば
それは　こうして暮らしている私にふさわしいことではない
私はこうして暮らしながら　執着を離れた教えを知って
健康や若さや寿命に関する驕りの全てを乗り越え　出離を見て安穏を得た
涅槃をよく見た私には　健全な力が授かり
今となっては欲愛に親しむことはできない
清らかな行いの到達点である輪廻することのない状態に至るであろう

●「出家修行者が絶えず省察すべき十法」（増支部／Anguttara Nikāya, AN.V.87）

これは出家修行者がいつも繰り返して考えてみるべきことの十項目である。ビルマやタイ、スリランカでは常用経典の一つとして暗記されることも少なくない。筆者（井上）も大好きな経典で、還俗した今でも時折唱えてはブッダを思い起こして襟を正すような思いがして、スッキリする。第一項目のカースト制度の外に出るということは、出家の本質でもあり、仏教がインド社会から消えてしまった理由でもあるためにとても意義深い省察だ。

最後の項目からは、出家修行者たちは看取りの時にもマインドフルネスを実践していたことが伺われる。自分は何のために出家したのかを思い出し、お布施に支えられて解脱のためだけに生活するという目標がどれくらい達成されたかについて、お互いに確認し合って修行の励みにしていたのだ。

比丘たちよ、出家修行者はこれら十法について絶え間なく省察すべきである。

一　「私は今日カースト制度の外に出た」と、出家修行者は絶え間なく省察すべきである。

二　「私の生活は他者に支えられている」と、出家修行者は絶え間なく省察すべきである。

三　「在家者とは違う行儀をするべきである」と、出家修行者は絶え間なく省察すべきである。

四　「生活習慣について、己の心にやましいことはないか」と、出家修行者は絶え間なく省察すべきである。

五　「清らかな行いを共にする賢者たちが、私のことをよく見て、生活習慣について非難することがないだろうか」と、出家修行者は絶え間なく省察すべきである。

六　「私はすべての愛する人々・気に入った人々と別れる運命にあり離れる運命にある」と、出家修行者は絶え間なく省察すべきである。

七　「私は業を背負う者であり、業を引き継ぐ者であり、業から生まれた者であり、業に縛り付けられた者であり、業を拠り所とするものである。善き行いであれ、悪しき行いであれ、ある行いをすれば、その業の結果を引き受ける者となるであろう」と、出家修行者は絶え間なく省察すべきである。

八　「私は昼夜をどのように過ごしているであろうか」と、出家修行者は絶え間なく省察すべきである。

九　「私は空屋での生活を楽しめているだろうか」と、出家修行者は絶え間なく省察すべきである。

十　「私には聖なる特別な知見と呼ぶにふさわしい超人法が得られているだろうか。死の間際になって、清らかな行いを共にする修行者たちから問われて赤面することがないようにしよう」と、出家修行者は絶え間なく省察すべきである。

出家修行者たちは、これら十法を絶え間なく省察すべきである。

● **『矢の喩え経**（Sallattena sutta）』（相応部／Saṃyutta Nikāya, SN.IV.207）

本書でも引用されており、多くの瞑想指導書においても使われている教えであるが、意外と全体像が知られていない経典の一つである。ぜひ全体に目を通してみて、そこに念処や随観の要素がどのように組み込まれているかを読み解いてみて欲しい。解脱に至る道についてのアビダンマ（仏教心理学）的な解説が見事だと思うので、各自の瞑想実践で工夫してみて欲しい。

なお、本経に基づいた現代的な痛みに対する瞑想的アプローチの第一人者として、北米で仏教瞑想を広めたレヴァイン（Stephen Levine, 一九三七〜二〇一六年）の『めざめて生き、めざめて死ぬ』を紹介したい。彼は、死の看取りの領域で大きな貢献をしたが、キューブラー・ロス（Elisabeth Kübler-Ross, 一九二六〜二〇〇四年）のワークショップパートナーとしても彼女の啓蒙活動を陰から支えた人である。ＭＢＳＲを創始したカバット・ジンの痛みに関するアプローチ（『マインドフルネスストレス低減法』二〇〇七年、一九九〜二一八ページ「第十章　痛みを心でコントロールする」）もレヴァインのもの（前掲書一四五〜一八三ページ「第十章　痛みに取り組む」）を踏襲している。

比丘たちよ、見聞のない凡夫たちも楽の感受を感じ、苦の感受を感じ、不苦不楽の感受を感じる。比丘たちよ、見聞を備えた聖なる弟子たちも楽の感受を感じ、苦の感受を感じ、不苦不楽の感受を感じる。それでは比丘たちよ、見聞を備えた聖なる弟子たちは見聞のない凡夫たちと何が違い、そこにはどのような意味があり、その違いをもたらす原因は何なのか。

尊師よ、私たちの法は世尊を根源とし、世尊を導き手とし、世尊を拠り所としています。尊師よ、世尊ご自身が、お話されたその意味を明らかにされるのがよいと思います。比丘たちは、よく聞いて記憶しておくでありましょう。

それでは比丘たちよ、聴くがよい。心の中でよく考えてみなさい。それでは説くことにしよう。比丘たちよ、見聞のない凡夫は苦の感受に触れると、悲しみ、疲弊し、号泣し、胸をたたいて嘆き悲しみ、何が何だか分からなくなってしまう。彼は身体的感受と心理的感受という二つの感受を体験することになる。

たとえば比丘たちよ、人を矢で射るとする。そして第二の矢で追い打ちをかける。比丘たちよ、このように彼は二つの矢の感受を体験するのである。このようにして比丘たちよ、見聞のない凡夫は苦の感受に触れると、悲しみ、困惑し、号泣し、胸をたたいて嘆き悲しみ、何が何だか分からなくなってしまう。彼は身体的感受と心理的感受という二つの感受を体験することになる。

彼は苦の感受に触れている時に嫌悪感を抱いてしまう。苦の感受に嫌悪感を抱いていると苦の感受による嫌悪随眠が潜行する。すると彼は苦の感受に触れた時には官能的快楽を喜ぶようになる。それは何故だろうか。比丘たちよ、彼は官能的快楽以外に苦の感受からの出離を知らないからである。

官能的快楽を喜んでいる人には、楽の感受による貪欲随眠が潜行する。彼は、そうした感受の生起も、消滅も、魅力も、厭わしさも、出離もありのままに知らない。そうした感覚の生起も、消滅も、魅力も、厭わしさも、出離もありのままに知らない人には、不苦不楽の感受による無明随眠が潜行する。彼は、楽の感受を体験するにも縛り付けられながら体験する。苦の感受を体験するにも縛り付けられながら体験する。不苦不楽の感受を体験するにも縛り付けられながら体験する。比丘たちよ、このことを指して、見聞のない凡夫は誕生、死、悲しみ、号泣、苦しみ、苦悩、憂いに縛り付けられている、苦しみに縛り付けられていると言うのである。

見聞を備えた聖なる弟子は、苦の感受にふれた時に悲しまず、疲弊せず、号泣せず、胸をたたいて嘆き悲しむことなく、何が何だか分からなくなってしまうことがない。彼は身体的感受ひとつを体験するが、心理的感受を体験することはない。たとえば比丘たちよ、人を矢で射ても第二の矢で追い打ちをかけることがないようなものである。そのように比丘たちよ、彼は一つの矢による感受を体験する。

まさにそのようにして比丘たちよ、見聞を備えた聖なる弟子は苦の感受にふれた時に悲しまず、疲弊せず、号泣せず、胸をたたいて嘆き悲しむことなく、何が何だか分からなくなってしまうことがない。彼は身体的感受という一つの感受を体験するだけであり、心理的感受を体験することはない。

彼は苦の感受を体験するときに嫌悪感を抱くことがない。苦の感受を体験しても嫌悪感を抱くことがない人には、嫌悪随眠が潜行しない。彼は苦の感受を体験しても官能的快楽を喜ばない。それは何故か？　比丘たちよ、見聞を備えた聖なる弟子は官能的快楽以外に苦の感受からの出離を知っているからである。官能的快楽を喜ばない彼には、官能的快楽による貪欲随眠が潜行しない。彼はそうした感受の生起も、消滅も、魅力も、厭わしさも、出離もありのままに知る。そうした感受の生起も、消滅も、魅力も、厭わしさも、出離もありのままに知る人には、不苦不楽の感受による無明随眠が潜行しない。彼は、楽の感受を体験するにも縛り付けられることなく体験し、苦の感受を体験するにも縛り付けられることなく体験し、不苦不楽の感受を体験するにも縛り付けられることなく体験する。

比丘たちよ、このことを指して聖なる弟子は誕生からも、老いからも、死からも、悲しみからも、号泣からも、苦からも、苦悩からも、憂いからも解き放たれ、苦しみから解き放たれているというのである。比丘たちよ、これが見聞を備えた聖なる弟子と見聞のない凡夫たちとの違いであり、意味合いであり、違いをもたらす原因である。

智慧あり博識で巧みな者は
楽受も苦受も体験しない
これが賢者と凡夫との
大きな相違
博識で現象を見極めて
この世とあの世をよく見る者は
好ましい現象に心を乱されることもないし
好ましくないものを嫌悪することもない

生存を超えた者は
道を知り　汚れなく憂いなく
正しく遍く知るゆえに
満悦に浸ることもなく　不満を抱くこともなく
破壊されることもなく　壊滅することもない

参考図書

最後に、死念に関連した本書のような教えと瞑想実践が、キューブラー・ロスによる死の臨床の啓蒙活動と歩調を合わせて現代社会にどのようなインパクトを与えたのかを知るために、以下の書籍を読んでみることをお勧めする。

『めざめて生き、めざめて死ぬ』スティーヴン・レヴァイン　春秋社　一九九九年

レヴァイン（一九三七～二〇一六年）は、キューブラー・ロス（一九二六～二〇〇四年）のワークショップパートナーとして瞑想指導を担当した仏教瞑想の指導者であり、妻のオンドレアと共に死の臨床における支援活動と啓蒙活動による大きな貢献をした。宗教を超えた大きな姿勢で説かれる彼の代表作である。

『ブッダのサイコセラピー』マーク・エプスタイン　春秋社　二〇〇九年

エプスタイン（Mark Epstein, 一九五三年〜）は精神分析と仏教瞑想を架橋する革新的なニューヨークの精神分析家。彼はラリー・ローゼンバーグとMBSRの創始者ジョン・カバット・ジンと三羽烏のような法友関係にある。彼らは様々な情報を共有しながら仏教を西洋社会に広める工夫をしている。この本の原タイトル Thoughts without a thinker は、ビオンの言葉からヒントを得たもので、仏教の空を精神分析的な洞察の視点につなげたものである。なおビオンは、キーツの日記から「ネガティブケイパビリティ」という言葉を発掘した精神分析家である。これらは無我や空や縁起を、日常でどのように生きたらよいかについてのヒントに満ちている。

『新たな全人的ケア』トム・A・ハッチンソン編　公益財団法人日本ホスピス・緩和ケア研究振興財団　二〇一六年

ハッチンソン（Tom A. Hutchinson, ?年〜）は、マギル大学付属病院で緩和ケア病棟を創始したバルフォア・マウント（Balfour M. Mount, 一九三九年〜）が取り組み始めた新しい医学教育の継承者である。全人的ケアは、M・バリント（Michael Balint, 一八九六〜一九七〇年）の全人的医療の概念に基づき、ユング心理学とマインドフルネスを二つの柱として、癒しと治療を統合した医療の可能性を追求しながら、具体的な医学教育として組み立てられている。訳者の恒藤暁（一九五九年～）はマインドフルネス実践を積み重ねている緩和ケア医である。

『楽しく生きる、豊かに終える』井上ウィマラ　春秋社　二〇一九年

人生の最期に浮上してくることの多い、①人生の意味を見つめる、②許し・許される、③「大好きだよ・愛しているよ」を伝える、④「ありがとう」を伝える、⑤別れを告げるという五つのテーマにそって事例が考察してある。これらは、子育てをはじめとする日常生活の中で心がけることが人生を豊かにしてくれる大切な課題である。後半では、ユングのコンステレーションに基づいて、家系図をコマにして動かしながら家族関係を考察する手法を紹介しながら、仏教瞑想と心理療法を統合したスピリチュアルケアの可能性が探求されている。

『子育てから看取りまでの臨床スピリチュアルケア』井上ウィマラ　興山舎　二〇一九年

看取りの現場で起こっていることを深く理解するためには、死にゆく人と看取る人の間にある家族関係に心をはせる必要がある。その意味で、子育てから看取りまでのいろいろな風景とそれらを深く理解するための諸理論について、スピリチュアルケアの視点から論じられている。住職向けの月刊誌に連載された読みやすい長さの五〇篇から構成されている。

『人生の終わりに学ぶ、観想の智恵』コーシン・ペイリー・エリソン、マット・ワインガスト編　北大路書房　二〇二〇年

死にゆく人に寄り添うために、マインドフルネスや慈しみなどの瞑想実践はどう役立つのかについて、西洋の瞑想指導者、アジアの仏教僧、シシリー・ソンダースやキューブラー・ロスをはじめとする終末期医療をリードしてきた医療者などによるオムニバス形式のエッセイ集。ラリー・ローゼンバーグも第二〇章「第三の使い：死は不可避なり」を寄稿している。第一編者の浩信・ペイリー・エリソン（Koshin Paley Ellison）は、観想的ケアのためのニューヨーク禅センター（New York Zen Center for Contemplative Care: NYZCCC）の共同設立者であり、曹洞禅の系譜を受け継ぎながら、アメリカの臨床牧会教育（ACPE）として認められるシステムを作り上げた。

『死にゆく人と共にあること』ジョアン・ハリファックス　春秋社　二〇二三年

著者のハリファックス（Joan Halifax, 一九四二年～）は医療人類学者であると同時にウパーヤ禅センター（Upāya Zen Center）を創設した禅の老師であり、半世紀にわたって死の臨床に携わってきた経験が語られている。彼女は「死にゆく人とその家族をケアするということは、知りえないもの、予想もできないもの、人生の崩壊の真っただ中に身を置くという途方もない修行です」と語っている。マインドフルネスや思いやりの瞑想が、その途方もない修行の中心となるのだが、死の臨床の情景を借りて語られるその実践は、毎日をどのように工夫しながら生きてゆけば人生を豊かに充実させることができるのかを考える最高の材料になってくれる。本書の基盤になっているBeing with Dyingプロジェクトは一週間の合宿型プログラムであるが、これを二泊三日にまとめたG.R.A.C.E.という緩和医療における燃えつき防止プログラムも日本に導入されている。

謝辞　当書籍の編集にあたっては次の方々にご協力いただきました（順不同・敬称略）。
沢辺均（ポット出版／版元ドットコム）、井上ウィマラ、ネルケ無方、佐藤厚（東洋大学）、小坂有弘（大正大学）

死の光に照らされて　自由に生きるための仏教の智慧

2024年9月20日　第1刷発行

著者　ラリー・ローゼンバーグ、デイヴィッド・ガイ
訳者　島田啓介
解説　井上ウィマラ

編集　青柳宏作
編集協力　沢辺均、野部淳子

発行所　株式会社　薄月
〒101-0051 東京都千代田区神田神保町 3-11-1 #1-20
電話　03-6265-6621
Email　booksales@hakugetsu.jp
Website　htttps://hakugetsu.jp

印刷・製本　シナノ印刷株式会社

ISBN 978-4-911035-01-6 C0015

本文●ラフクリーム琥珀・四六判・Y・66.5kg／スミ
表紙●アラベールスノーホワイト・四六判・Y・200kg／DIC-F31（グロスニス）
カバー・帯●アラベールスノーホワイト・四六判・Y・110kg／DIC-F31・スリーエイトブラック（グロスニス）
2024-0101-2.0